# 나는 오늘도
# 메타버스로
# 출근합니다

# 나는 오늘도 메타버스로 출근합니다

**초판 1쇄 인쇄** 2021년 12월 5일
**초판 1쇄 발행** 2021년 12월 15일

**지은이** 정석훈

**펴낸이** 우세웅
**책임편집** 김은지
**기획편집** 윤구영 한희진
**콘텐츠기획·홍보** 전다솔
**북디자인** 이유진

**종이** 앤페이퍼
**인쇄** (주)다온피앤피

**펴낸곳** 슬로디미디어그룹
**신고번호** 제25100-2017-000035호
**신고년월일** 2017년 6월 13일
**주소** 서울특별시 마포구 월드컵북로 400, 상암동 서울산업진흥원(문화콘텐츠센터)5층 22호

**전화** 02)493-7780 | **팩스** 0303)3442-7780
**전자우편** slody925@gmail.com(원고투고·사업제휴)
**홈페이지** slodymedia.modoo.at | **블로그** slodymedia.xyz
**페이스북·인스타그램** slodymedia

ISBN 979-11-6785-050-8 (03320)

한 권으로 끝내는 언택트 러닝

# 나는 오늘도 메타버스로 출근합니다

**정석훈** 지음

슬로디미디어

차례

## Part 3.
# 몰입과 참여의 열쇠, 언택트 경험 디자인



## Part 4.
# 언택트라서 신기성을 주는 콘텐츠들

## Part 5.
# 멀티모달을 통한 학습 실재감 제공



## Part 6.
# 메타버스는 러닝 & 플레이그라운드

## Part 7.

# 이미 도착한 미래, 메타버스 사례를 한번에!



게더타운

신입 사원 교육(롯데, LG 계열사, SK C&C, 국민은행)
메타버스 비즈니스 인사이트 도출 워크숍(현대 글로비스)
채용 설명회와 면접(넷마블, 롯데건설, LG 계열사, CJ ENM, 하이네켄, LS그룹, 롯데푸드, 코리아 세븐)
콘퍼런스와 포럼(코스콤, LG 창업 지원 행사)
시상식(삼성전기, 부천국제판타스틱영화제)
기업 채용 박람회(서울 6개 대학교, LG 인화원)
창립 기념일 행사(DL그룹, 샌드박스, 본그룹)
기업 홍보관(LG CNS)
교회 수련회(CCC, 서울 혜성교회, EMT 선교회)
문화·예술 박람회(부산세계시민축제, 문화예술인 박람회)

이프랜드

토크쇼와 간담회(김미경 토크쇼, SKT 기자 간담회)
랜선 콘서트(인디밴드 방구석 콘서트)
대학 입학식(순천향대학교)
채용 설명회(SKT, 인크루트, 남부발전)
심야 상영회(부천국제판타스틱영화제)

제페토

신입 사원 교육(하나은행, 네이버, 현대모비스)
간담회(과학기술정보통신부)
기업 홍보(하나카드)
기업 상품 소개 및 미션 플레이(현대자동차, 구찌, CU)

기타

버벨라를 이용한 해커톤(LG화학)
디토랜드를 이용한 창립 기념 박람회(tvN)
스페이셜을 이용한 리더 북 클럽(LG CNS)
인게이지를 이용한 도서관 시상식과 창립 기념행사(테크노파크, 도서관 시상식)

## 감사의 글

인생에서 가장 즐거운 일은
목표를 갖고 그것을 향해 노력하는 것이다.
— 탈레스

내게 2021년은 특별한 해다. 2020년 1월에 시작된 코로나19는 전 세계를 잠시 멈춤 상태로 만들었지만, 내 인생의 시계는 여느 때보다 빠르고 시간의 농도도 짙었다. 다양한 일을 겪고 나니 마치 일 년을 세 번 정도 산 느낌이다.

Connecting the Dots. 스티브 잡스의 스탠퍼드대학교 졸업식의 명연설은 예전에는 몰랐던 경험과 사건에 의미를 부여해 지금의 나를 만드는 자양분이 되었다. 나는 코로나19로 대면 교육이 중단되며 모든 교육을 언택트로 전환해야 했다. 맞춤형 팀 빌딩, 팀장 코칭과 연계한 팀 향상 워크숍, 커리어 디자인, 강점 기반 워크숍… 당시에는 힘들었지만 결국 지금의 나를 있게 한 소중한 경험이다. 그리고 여느 때보다 바쁘고 긴장된 삶의 연속이었지만,

즐거운 몰입의 시간이었다. 탈레스의 말처럼, 목표를 달성하기 위해 노력하는 것은 인생에서 가장 즐거운 일이다.

이 책이 나오기까지 많은 분의 도움을 받았다. 성장의 경험을 주신 LG CNS L&D와 언택트로의 전 과정을 함께 해 주신 굿코칭의 서지영 대표님, 애정 어린 조언과 날카로운 피드백으로 본 책의 시작부터 마무리까지 도와주신 김보균 부문 대표님, 이중학 교수님, 장정열 소장님, 손가연 선임님, 이유진 선생님께 감사하다. 이분들이 없었다면 이 책은 세상에 나오지 못했을 것이다. 아낌없는 지지와 긍정적 에너지를 주는 연세대학교 교육대학원 동기들에게도 감사함을 전하고 싶다. 특히 이 책을 위해 통찰력 있는 조언과 자료를 아낌없이 나누어 주신 레퍼런스 HRD 박준형 대표님, 샘소타 전익표 대표님, 이도용 실장님, JJ 크리에이티브 전재현 대표님, 스타트허브㈜김철훈 대표님, 조재신 매니저 님, 현대 인재개발센터 백명인 과장님 덕분에 이 책이 더욱 풍성해질 수 있었다.

변함없는 지지를 보내 주는 내 삶의 원동력인 가족들에게는 특별한 고마움을 전한다. 항상 기도해 주시고 든든한 지원자가 되어 주시는 아버지와 어머니, 장인어른, 장모님께는 감사한 마음을 어떻게 다 표현할 수 있을지 모르겠다. 밤늦게까지 책을 쓰는 아빠를 애타게 부르던 첫째 딸 이은, 곧 태어날 우리 둘째 어썸, 임신한 상태로 늦게까지 책의 마지막 검수를 함께해 준 아내 현주에게 사랑의 마음을 전한다. 기꺼이 도와준 이들이 있기에 지금의 나와 이 책이 있음을 잊지 않고자 한다. 모두에게 감사하는 마음을 전하며 이 글을 마친다.

2021년 10월

정석훈

## 추천의 글

지금의 세상은 전 세계 절반 이상의 사람이 스마트폰을 통해 항상 인터넷과 연결되어 있다. 이와 동시에 우리의 삶은 온라인과 오프라인의 경계가 사라지고, 세상 모든 것들이 빠르게 디지털화되었으며 이제는 그 위로 현실 세계와 가상 세계 사이의 경계가 흐려지고 무너지는 메타버스 현상이 시작되고 있기도 하다. 유용하게 증강된 현실 세계와 상상이 실현된 가상 세계가 만나 디지털로 가상화된 다차원 시공간이 무한하게 확장되고 있는 것이다. 특히 코로나 팬데믹으로 비대면이 빠르게 일상화되면서 메타버스 열풍은 단순한 트렌드를 넘어 우리 사회가 마주할 미래를 의미하게 되었다.

이 책《나는 오늘도 메타버스로 출근합니다》는 비대면으로 전환된 이 변화의 한가운데에서 기업 교육 담당자로서 저자가 목도한 메타버스 현상의 실체와 학습하고 일하는 방식의 변화를 이야기한다. 재택근무와 소통, 온라인 교육과 몰입 학습 그리고 가상 워크숍과 회의 등 메타버스 기술들이 활용되고 시도되는 다양한 사례와 현장의 살아 있는 정보를 전하는 것이다. 왜 사람들이 메타버스에 열광하는지, 왜 사람들이 메타버스 시공간에 모여 함께 시간을 보내고 놀이를 하고 일하는지, 과연 메타버스에 출근한다는 건 어떤 의미이며 어떤 미래를 향해 가고 있는지에 대한 구체적인 정보와 생생한 경험은 가장 값진 가이드가 아닐 수 없다.

메타버스 현상은 짧은 유행으로 그치지 않고 오랜 시간 산업과 라이프 스타일 등의 전방위에 걸쳐 영향을 미치고 변화를 만들어 낼 것이다. 특히 교육과 일하는 방식, 소통과 협력하는 문화는 크게 변화할 것이다. 이 책을 통해 불확실한 변화 속에서 다양한 사례들을 바라보고 경험하며 실험해 본다면 가야 할 방향과 목표를 명확히 하는 데 도움이 될 것이다. 저자가 밟아 올라가며 표시해 놓은 길을 따라 산을 오르다 보면 메타버스라는 세계가 훤히 내려다보이는 산의 정상에 오르게 될 것이다. 메타버스가 만들어 낼 가능성과 기회를 먼저 인지하고 그것을 두 손으로 잡기를 기원한다.

퓨처 디자이너스 대표,
《메타버스가 만드는 가상경제 시대가 온다》 저자 **최형욱**

메타버스와 언택트를 통한 학습과 회의, 협업은 우리에게 '이미 와 버린 미래'가 되었다. 이제는 "어떻게 효과적이고 효율적으로 비대면 세계에 적응할 것인가?"라는 물음에 대한 답을 찾을 차례인 것이다. 그리고 이 책은 언택트 러닝과 메타버스에 대한 답을 이론과 사례로 충분히 제시해 주고 있다.

동국대학교 겸임 교수 **이중학**

이 책은 저자가 인적자원개발 현장과 사회의 급격한 변화를 몸소 겪으며 치열하게 고민하고 실험한 사례 중 언급할 만한 사례와 해결책을 정리한 책이다. 저자의 열정과 전문성은 언택트 시대의 인재육성, 교수설계, 조직개발, 학습 플랫폼과 도구를 고민하는 분들에게 훌륭한 솔루션이 되어 줄 것이다.

캐롯글로벌 부문 대표 **김보균**

위드 코로나 시대의 메타버스 활용과 언택트 러닝에 대해 고민하던 차에 곁에 두고 적용할 수 있는 좋은 책이 출간되어 기쁘다. 특히 HRD 전문가로서 코로나 시대의 조직 변화를 이끌어 낸 정석훈 작가님의 책이라 신뢰를 느낀다. 아낌 없이 나누어 주신 현장 중심적 이론, 적용 사례, 핵심 노하우는 언택트 러닝과 메타버스 도입을 고민하는 분들께 도움이 될 것이다.

국제공인 퍼실리데이터(IAF CPF), 《60분 온라인 회의 기술》 저자 **장정열**

코로나 팬데믹은 일하는 방식, 조직 문화, 교육 등을 포함한 모든 것을 급격하게 변화시켰다. 특히 교육은 오프라인 교육에서 언택트 교육을 거쳐 시공간을 초월하는 메타버스 교육으로 진화하고 있다. 변화의 어려움 속에서도 현장에서 최선을 다하고 있을 모든 직장인에게 최신의 트렌드와 깊이 있는 고민이 담긴 이 책을 추천한다.

SK C&C 역량개발담당 **조재신**

줌에서 메타버스까지, 겉으로는 화려해 보이지만 언택트 러닝은 오프라인보다 더 많은 준비와 노력이 필요하다. 나 또한 기업 교육 담당자로서 새로운 기술과 플랫폼을 따라가기 급급했다. 그러나 지금은 언택트 러닝의 본질에 대해 고민하고 있다. 이 책은 언택트 러닝과 메타버스를 설계하고, 학습자에게 효과적인 학습 경험을 제공하기 위한 다양한 기술과 이론, 풍부한 사례를 담고 있다. 화려한 스킬이 아닌 언택트 환경에서 진정한 '학습'과 '몰입'을 이끌기 위한 저자의 철학을 엿볼 수 있는 책이기도 하다. 메타버스를 경험하고 변화의 시대에 새로운 방식으로 배움에 도전하는 모든 분께 이 책을 추천한다.

LX세미콘 인재육성팀 **손가연**

작가와의 인터뷰

**Q1.**

**《나는 오늘도 메타버스로 출근합니다》라는 제목이 굉장히 독특한데요. 어떤 의미일까요?**

저는 현재 기업에서 교육을 담당하고 있습니다. 오늘 아침에는 메타버스 플랫폼인 '게더타운'에서 교육을 진행하느라 실제 회사가 아니라 메타버스로 출근했습니다. 그러나 표현 그대로 메타버스 공간으로 출근했다는 말씀을 드리고 싶은 건 아니에요.

우리나라는 2020년 1월 20일에 첫 코로나 확진자가 생기고, 3월부터 급격히 확진자가 늘면서 많은 기업이 재택근무로 전환했습니다. 그 후로는 생각하지 못했던 언택트 세상이 펼쳐졌죠. 업무나 회의도 화상으로 하고, 교육도 언택트로 바뀌고, 행사나 모임도 모두 비대면으로 바뀌었어요. 직장이 물리적 공간이 아니라 가상 공간으로 대체된 거죠. 코로나로 변화한 일상은 단순히 대면에서 비대면으로 바뀐 게 아니라 언택트와 메타버스 안에서 업무와 관련한 새로운 경험을 하고, 이전과 다른 업무 방식이 만들어진 것을 의미합니다. 코로나로 인해 직장과 업무에 대한 관점이 바뀌었다는 점을 강조하고 싶어요.

메타버스는 메타버스 플랫폼 안의 공간적 측면도 있지만 더 넓은 의미에서 '언택트 가상 공간'을 표현하는 중의적 표현이에요. 코로나로 인해 변화한 업무 방식, 소통 방식을 포함한 확장된 가상 세계이지요. 메타버스로의 출근은 코로나19 이후 직장과 업무 공간에 대한 인식 변화, 즉 패러다임의 변화에 대한 은유적인 표현입니다. '나는 코로나로 인해 변화된 새로운 형태의 업무 공간으로 출근합니다'라는 의미인 거죠. 그리고 저는 교육 담당자니까 코로나로 주목받는 또 하나의 키워드이자 저의 주업인 언택트 러닝과 함께 이야기를 풀어가고 싶어요.

**Q2.**

**언택트 러닝과 메타버스는 코로나 이후 뜨거운 키워드인데요. 이 주제로 책을 써야겠다고 결심한 계기가 있으신가요?**

기업이나 대학 등 교육과 관련한 일을 하는 분 모두 코로나 팬데믹으로 정지된 느낌을 받으셨을 거예요. 갑자기 하던 일이 모두 블랙 아웃되고, 무엇을 어떻게 해야 할지 막막하셨을 것입니다. 재택 업무라는 정부와 기업 방침으로 인해 울며 겨자 먹기로 언택트 교육으로 전환하신 분, 코로나가 사그라지면 대면 교육으로 재개하려고 기다리신 분 모두 힘든 시기를 보낸 건 동일해요. 많은 분이 언택트 교육을 시작하면서 많은 시행착오와 좌절을 겪으셨을 테고요. 저도 마찬가지입니다. 아무것도 안 하고 있을 수만은 없어서 담당하던 교육을 언택트로 전환했어요.

처음 시작할 때는 '이게 될까? 안될 일에 시간과 에너지를 투자하는 것은 아닌가?'라는 걱정이 컸어요. 그러나 막상 해 보니 오프라인에서 경험했던 깨달음과 교감, 함께 배우는 즐거움이 언택트 상황에서도 가능하다는 걸 알았어요. 다만 언택트는 오프라인과 달리 기획자가 참가자의 새로운 경험과 참여, 몰입을 위해 사전에 모든 것을 준비하고, 창의적인 시각을 적용한 새판을 짜야 하지요. 처음에는 손도 너무 많이 가고 막막했는데 하다 보니 재미도 있고 속도도 붙더라고요. 그리고 결과적으로 지금은 벤치마킹 제안도 들어오고, 콘퍼런스 사례 발표 요청도 들어오고 있어요. 심지어 교회에서 리더를 대상으로 한 강의 요청도 들어오고요. 교회 같은 소규모 모임에서조차 답답한 부분이 많았구나 싶었습니다.

이렇게 노하우를 알려드리고 나니, 귀한 선물을 보내주는 분도 계시더라고요. 그때 느꼈습니다. '이런 예상치 못한 언택트 상황을 버거워하는 분이 이렇게 많았구나. 경험과 지식을 공유하는 건 가치 있는 일이구나.'라고요. 그래서 이 책을 쓰기 시작했습니다. 언택트로의 전환을 준비하시는 많은 분들께 도움이 되길 바라고 있어요.

## Q3.

**언택트 학습 중에서 가장 보람 있거나 의미 있던 순간이 있으신가요?**

“온라인이라 큰 기대 없이 참여했는데, 오프라인만큼 아니 오프라인보다 더 좋았어요.”라는 피드백을 들을 때 가장 뿌듯하고 보람을 느껴요. 제가 담당하고 있는 맞춤형 팀 빌딩 워크숍을 처음 언택트로 진행했을 때, 정말 제가 할 수 있는 모든 정성을 쏟았어요. 그때 참여하신 분들이 “TV에서만 보던 언택트를 경험해 보니 신기하고 특별하다. 기획과 준비, 운영 삼박자가 완벽하게 맞춰진 오케스트라와 같았다.”라고 말씀해 주셔서 희열을 느꼈죠.

이후 메타버스 플랫폼을 이용해 다양한 시도를 했어요. 그리고 과정이 끝나고 “메타버스라고 해서 대단한 게 있을까 했는데, 실제로 경험해 보니 대면한 느낌이 들어 좋았습니다. 또한 교육을 통해 오래 고민했던 질문에 대한 답을 찾았습니다.”라는 피드백에 그간의 피로가 풀렸습니다. 아무래도 저의 노력에 좋은 피드백을 받는 순간, 언택트를 통해 새로운 경험과 만족감을 느낀 분이 많을 때 보람이 있어요.

## Q4.

**요즘 메타버스가 인기인데요. 메타버스가 왜 이렇게 주목받고 있을까요?**

사실 저도 초기에는 메타버스에 부정적이었어요. 다들 도입한다고 하니 우르르 뛰어드는 느낌이랄까요? 그런데 직접 경험해 보니 줌으로 하는 교육과는 경험의 질에서 차이가 있었어요. 예를 들어, 줌으로는 교수자의 역할이 큰데, 메타버스에서는 학습자에게 주도권이 넘어가는 학습 패러다임의 전환이 일어나잖아요.

메타버스가 주목받는 이유는 '참여자가 주인공이 되는 공간'이기 때문이라 생각해요. 줌은 내가 원치 않아도 소그룹에 편성되거나 전체 세션을 진행해야 하지만, 메타버스에서는 자유 의지에 따라 행동할 수 있어요. 선택의 영역이 넓어지는 거죠. 이와 동시에 메타버스는 다양한 소통 방식을 사용하며 일하고 놀 수 있는 복합 공간이 되었어요. 코로나 피로감을 극복할 수 있는 게임 체인저의 역할을 부여받았다고 말하는 사람도 있고요.

## Q5.

**메타버스를 학습에 적용하려면 무엇이 가장 중요할까요?**

저에게 메타버스와 관련된 도움을 요청하시는 분들께 항상 말씀드리는 것이 있어요. '메타버스의 핵심은 도입이 아니라 활용'이라는 점이에요.

요즘 많은 기업이 메타버스 플랫폼을 도입하고 있어요. 단순하게 위에서 시키니 기존에 줌으로 진행하던 방식을 메타버스에 도입만 하는 케이스도 있죠. 물론 메타버스 도입 자체가 참석자에게 새로운 경험을 주는 건 맞습니다. 그러나 단순히 도입 자체가 목적이라면 메타버스 활용법을 익히고 맵을 구축하는 데 쓰는 시간과 노력이 너무 크다고 생각해요. 게다가 잘못 도입하면 기존에 줌을 이용한 방식보다 교육의 깊이를 담아내지 못하거나 놓치는 부분이 생길 수 있고요. 메타버스 플랫폼은 줌보다 화면에서 볼 수 있는 인원수도 적고 강의 자료와 영상을 공유할 때 불편한 점도 있거든요. 그렇게 되면 메타버스를 도입한 게 오히려 교육의 질을 떨어뜨릴 수 있죠.

그렇다면 메타버스를 어떻게 활용해야 할까요? 바로 기존 오프라인에서 언택트 현장으로 바뀌면서 발생하는 문제와 어려움을 해결하는 도구로 메타버스를 활용한다는 관점을 견지하는 것입니다. 예를 들어, 무거운 내용을 다루는 과정이라 참석자들이 장시간 집중하기 어렵다면, 중간에 함께 활동하고 참여하는 메타버스 게이미피케이션을 사용하는 거죠. 언택트 진행 시 사내 강사들은 전문 강사가 아니니 부담감을 줄여 주기 위해 메타버스 오브젝트에 교육 자료를 연결해 참석자들이 미리 자료를 확인하고 사전 질문을 받는 방식도 좋고요. 그러면 강사의 부담은 줄어들고 교육의 질은 높아지죠. 교육 과정을 마치고 실천 계획을 수립하는 단계에서는 전문가가 추천한 영상을 볼 수 있는 큐레이션존과 책 영상, ASMR 등을 활용하여 셀프 리플렉션(Self-Reflection) 시간을 주는 것도 좋고요.

중요한 건 제가 분명한 목적을 가지고 메타버스를 도입했다는 점이에요. 즉, 이 책에서 말씀드리고자 하는 목적에 맞는 경험 디자인을 위해 메타버스를 도구로 활용하라는 것입니다.

## Q6.
## 언택트 러닝과 메타버스의 전망은 어떠할까요?

교육 담당자 중에 언택트 러닝과 메타버스 활용 자체를 코로나로 인한 일시적 현상으로 여기는 분이 꽤 많습니다. 코로나는 종식될 것이고 우리 일상은 예전처럼 오프라인으로 돌아갈 것으로 생각하는 거죠. 위드 코로나로 접어든 지금 아예 틀린 말은 아닐 거예요. 오프라인 교육은 다시 늘어날 테죠. 그러나 앞으로의 세상은 코로나 이전과는 전혀 다른 세상이 될 것입니다.

이미 재택근무와 원격 근무를 경험한 사람이 많고 확산된 상황이잖아요. 새로운 근무 형태의 '맛'을 본 사람들이 코로나 이전의 근무 형태로 돌아가는 일은 쉽지 않을 거예요. 이미 많은 분이 현재 수준의 원격 근무가 유지되거나, 원격 근무와 사무실 근무를 함께하는 하이브리드 워크가 될 것이라 보고 있고, 교육은 대면과 비대면이 함께하는 하이브리드 러닝이 확대되리라 보고 있습니다.

구체적으로 언택트 러닝은 어떨까요? 초반에는 오프라인 교육이 급격히 다시 늘어날 것입니다. 코로나로 갑자기 언택트로 전환되면서 교육을 준비하는 사람이나 참여하는 사람 모두 너무 지쳤던 거죠. 하지만 억눌렸던 오프라인 교육 수요가 치솟은 후 어느 정도의 조정기를 지나 다시 현 수준으로 돌아오리라 생각해요. 코로나로 언택트 러닝의 효율을 높일 수 있는 다양한 협업 툴이 개발되면서 이미 오프라인에 준하는 효과를 내고 있거든요. 효과성이 보장된다면 조직과 참여자의 기회비용을 고려할 때 언택트를 마다할 이유가 없어요. 교육의 내용과 참석자의 상황, 상호 작용의 정도 등에 따라 오프라인이 효과적인 경우도 있지만, 언택트 교육 또한 새로운 시장을 개척하며 진화할 거라 생각합니다. 결국 학습자 중심의 경험을 디자인하는 방향으로 수렴되지 않겠냐는 게 제 생각이에요.

메타버스 또한 확대될 거라고 생각해요. 앞에서 말씀드린 것처럼 메타버스 도입뿐 아니라 이 도구를 어떻게 잘 활용할지에 대한 고민과 연구들이 많아지고 있거든요. 최근 전 세계에서 주목받은 넷플릭스 드라마 〈오징어 게임〉의 '무궁화꽃이 피었습니다' 게임도 메타버스에서 팀 빌딩 프로그램으로 구현되고 있어요. 직접 해 보면 정말 새로운 경험이지요. 결국 메타버스는 사용자에게 놀이와 학습을 융합한 공간이 될 것입니다.

게다가 가상 오피스나 메타버스 쇼핑몰 구축 등 비즈니스 영역과의 융합도 가속화되고 있어요. 이마트에는 고객의 시선과 동선을 연구해서 상품과 매장 배치를 효율화하는 머천다이징 수퍼바이저(MSV) 부서가 있다고 해요. 쇼핑몰이 메타버스 플랫폼에 들어서게 되면 메타버스 쇼핑몰이라는 공간의 레이아웃과 아바타의 동선을 연구하는 팀이 생길지도 모르죠. 그리고 메타버스 플랫폼을 기반으로 한 새로운 형태의 이커머스가 신규 사업 모델로 자리 잡을 수도 있고요.

❖ 로블록스에 구현된 오징어 게임. 드라마를 본 사람이라면 당장 이라도 접속하고 싶지 않을까?

Part 1.

# 무방비로 언택트를 만난 우리들

## 코로나로 바뀐 일상

나는 오늘 메타버스로 출근한다. 코로나 이후 재택근무를 시작한 지도 20개월이 지났다. 낯설기만 한 재택근무가 이제는 익숙하다.

기업 교육 담당자인 나는 오늘 진행 예정인 교육을 위해 메타버스 플랫폼인 게더타운에 접속했다. 교육 시작 시간이 다가오자 참석자들이 하나둘씩 메타버스에 접속한다. 장시간 진행되는 교육이라 깜짝 선물로 더치커피와 쿠키 세트를 자택으로 보냈는데, 소중히 챙겨서 자리에 앉은 모습을 보니 기분이 좋다. 사전에 마이크로 러닝 학습 자료를 메일로 보내고, 메타버스 곳곳에 학습 퀴즈를 숨겨 두었다. 정답을 가장 빨리 맞춘 학습자는 MVL(Most Valuable Learner)로 선정할 예정이다. 교육 시작 전까지 참석자들은 편하게 메타버스 안에 심어 둔 영상이나 교육 자료를 보거나 간만에 만난 동기와 근황을 나눈다. 그사이 나는 코로나로 가지 못하는 해외여행에 대한 아쉬움을 담아 가상 배경을 런던아이로 바꾼다.

2020년 1월 20일 국내에 첫 코로나 확진자가 발생한 이후, 우리는 유례없는 변화의 소용돌이로 빨려들었다. 코로나는 우리가 경험하지 못했던 세상을 만들었고 우리의 일상과 관계, 사회를 변화시켰다. 지인들과 커피 한잔을 하며 나누던 대화와 각종 모임은 사라지고, 마스크는 필수품이 되었으며 집은 이제 휴식뿐 아니라 업무와 운동, 여가 생활까지 책임지는 멀티 공간이 되었다. 옷매무새를 가다듬고 향하던 오프라인 공간이 언택트 공간으로 바뀐 지는 오래다. 이렇게 코로나는 당연했던 우리의 일상을 당연하지 않은 것으로 만들었고 이제는 새로운 유형의 삶으로 인도한다.

공간 문화 기획 스페이스아이 대표 오동섭 박사는 코로나 시대를 대변하는 키워드 10개를 다음과 같이 정리했다.

첫 번째 키워드는 '언택트'다. 사람과의 접촉을 최소화하는 비대면 방식을 선호하는 사회적·경제적 현상으로 정의하며, 사회적 거리 두기를 지칭하는 말이자 뉴노멀을 대표하는 말이다. 미국 문화인류학자 에드워드 홀은 거리(Distance)를 네 가지 유형으로 분류했다. 0~0.5m 이내의 거리는 '친밀한 거리(Intimate Distance)',

0.6~1.2m의 거리는 '개인적 거리(Individual Distance)', 1.3~2m는 '사회적 거리(Social Distance)', 3.6m 이상은 '공적 거리(Public Distance)'다. 그리고 사회적 거리 두기가 요구하는 거리는 2m를 초과하는 거리로 목소리로는 소통이 어려운 정도다. 코로나가 관계의 거리와 관계 맺기의 양상을 바꾸었음을 의미한다.

두 번째 키워드는 '언택트 서비스'다. 일상이 언택트로 전환되면서 온라인을 기반으로 한 서비스가 급속도로 성장한 것이다. 대표적으로는 쇼핑, 엔터테인먼트, 교육 분야다. 온라인 쇼핑 규모는 매월 두 자릿수의 매출 증가율을 기록했으며, 특히 50~60대 소비자가 많이 증가했다. 그 예로 마켓컬리는 2020년 상반기에 50대 이상의 회원이 94% 증가했다. 엔터테인먼트 산업 중 온라인 미디어 분야는 코로나로 인해 전 세계적으로 경기가 침체된 가운데 성장한 예외적인 분야다. 넷플릭스 등의 OTT(Over The Top) 서비스가 크게 성장했다. 교육 분야에서는 초·중·고등학교뿐 아니라 대학과 기업도 모두 언택트로 전환되었다. 과거에는 미리 촬영한 영상을 재생하는 방식으로 일부 온라인 수업과 업무 방식이었다면 이마저 지금은 지금은 교수자와 학습자가 실시간 소통하는 쌍방향 교육 환경으로 변화했다.

세 번째 키워드는 '인공지능과 메타버스'다. 가상 공간에서의 활동과 소통이 증가했기 때문이다. 그리고 네 번째 키워드는 빠르고 신속한 코로나 대응을 위한 '신뢰성', 다섯 번째 키워드는 코로나의 발생 원인으로 지목되는 '생태 위기', 여섯 번째 키워드는 언택트 소비가 증가하며 발생한 '이커머스 마케팅', 일곱 번째 키워드는 '근무 방식의 변화', 여덟 번째 키워드는 '코로나 블루'이다. 아홉 번째 키워드는 집을 의미하는 홈(Home)과 놀이하는 인간(Homo Ludens)이 합쳐진 '홈 루덴스', 마지막 열 번째 키워드는 코로나로 공간에 대한 인식과 구조가 재편되는 '공간의 변화'이다.

이렇게 코로나로 인한 변화는 여느 때보다 빠르게 진행되고 있으며, 지금 이 글을 쓰고 있는 순간에도 변화는 지속되고 있다.

## 기업은 변화 ing: 비대면 업무 전환과 하이브리드 워크

코로나로 인해 전 세계가 일상과 경제의 중단 위기를 맞이했다. 그러나 모든 것이 느려지고 멈출 듯했으나 위기의 공백을 메우고 사회와 경제 시스템을 빠르게 되돌려 놓은 기술이 있다. 바로 '디지털 기술'이다.

기업은 이전부터 디지털 기술을 중요하게 생각했다. 그러나 코로나 이전에는 디지털 기술을 생산성과 부가 가치를 향상시키기 위한 보완적 도구로 인식했다면 코로나 이후에는 생존을 위한 필수재로 인식하게 되었다. 실제로 MS의 CEO 사티아 나델라는

"코로나는 2년이나 걸릴 디지털 전환을 단 두 달 만에 이루어냈다."라고 말했다.

디지털 전환(Digital Transformation)이란 가상 현실 및 증강 현실, 인공지능, 모바일 기술, 블록체인, 빅데이터, 사물 인터넷, 클라우드 컴퓨팅 등의 기술을 활용하여 비즈니스 모델을 새롭게 구성하고 적용하여 조직의 지속 가능한 성과를 창출하는 것을 의미한다. 산업 전반에 걸쳐 진행되어 오던 일이지만, 코로나로 인해 디지털 전환 시기는 훨씬 앞당겨지고, 디지털 전환에 실패한 기업은 생존의 위협을 받게 되었다.

이와 함께 다가온 기업의 변화가 또 있다. 바로 '비대면으로의 업무 전환'이다. 사실 미국과 유럽은 원격 근무와 재택근무 형태의 업무 방식이 확산된 상태였다. 미국의 시장조사 기관 갤럽에 따르면, 미국은 2005~2015년 사이에 재택근무 비율이 115% 증가했고, 2016년에는 원격 근무(원격 근무 형태가 포함된 모든 형태의 근무)를 하는 직장인의 비율이 43%에 달했다. 반면, 우리나라의 통계청 〈경제 활동 인구 조사-근로 형태별 부가 조사〉에 따르면 우리나라에서 재택근무와 원격 근무를 '경험'한 직장인은 4.3%에 불과하다. 우리나라의 비대면 근무 경험이 이토록 적은 이유는 무엇일까?

우리나라의 기업은 재택근무를 불신하고 비효율적이라는 시각이 지배적이었다. '만나야 일이 된다'라고 생각하는 사람이 많았고, 구성원이 일하는 것이 눈에 보여야 안심하는 경향이 있었다. 그러나 코로나는 이러한 인식의 벽을 단번에 깨 버렸다. 자의든 타의든 정부의 방침에 따라 비대면 근무를 도입한 결과, 막연히 불편하고 비효율적이라 생각한 비대면 근무가 출퇴근 시간 절약뿐 아니라 생산성 유지를 보인 것이다.

솔루션 기반의 리서치 기업 마크로밀엠브레인에서 조사한 〈2021 트랜드 모니터 서베이〉 결과에 따르면, 재택근무로 인한 변화 중 가장 큰 부분이 '눈치를 보면서 회사에 남아 있는 시간이 사라졌다 49.8%'라는 점이다. 그리고 '말로만 일하는 사람들의 업무 내용이 분명하게 드러나기 시작했다 43.9%'라는 답변과 '직장 상사의 모호한 업무 지시가 줄어들었다 42.2%'라는 답변이 뒤를 이었다. '이전보다 일의 내용에 더 집중할 수 있게 되어서 좋다 37.3%'라는 답변도 눈에 띈다. 뿐만 아니라, 취업 플랫폼 잡코리아의 '코로나가 끝나도 재택근무가 유지되길 원하는가?'라는 질문에 전체 응답자의 88%가 '그렇다'라고 답했다. 직접 경험해 보는 것이 가장 확실한 법이다.

이로써 코로나로 어쩔 수 없이 재택근무와 원격 근무를 도입한 기업은 앞으로도 이 방식을 지속할 가능성이 커졌다. 또한, 한국

경영자총협회의 인원을 대상으로 '코로나가 완전히 종식된다면 이후 근무 형태는 어떻게 변화될 것인가?'를 물었더니 '확산될 것 53.2%, 원상 복귀 33.9%, 현재 수준으로 유지 12.9%'로 답하며 현재 수준으로 유지되거나 확산될 것이라는 의견이 66.1%를 차지했다.

아마존의 기술 부사장과 디지털 부문 부사장을 역임한 콜린 브라이어와 빌 카는 저서 《순서 파괴》에서 이렇게 말했다. "결국 코로나 팬데믹은 끝날 것이고, 사람들은 다시 회의실로 돌아가 회의를 열기 시작할 것이다. 그러나 우리는 원격 근무가 예상치 못한 성공을 거두었다는 사실을 기억해야 한다. 우려와 달리 원격 근무는 조직의 생산성을 크게 무너뜨리지도 않았고, 직원들의 선호마저 충족시켰다. 우리는 앞으로도 많은 모임이 온라인으로 운영되리라는 것을 짐작할 수 있다. 즉, 새로운 일의 표준은 원격 회의와 대면 회의가 공존하는 모습으로 자리 잡을 가능성이 크다."

코로나 이후 뉴노멀 2.0이라는 단어가 심심치 않게 들린다. 뉴노멀 1.0은 2008년 글로벌 금융 위기 이후 나타난 새로운 표준인 저성장, 규제 강화, 소비 위축이라는 새로운 세계 경제 특징과 질서를 의미하는 용어다. 그리고 뉴노멀 2.0은 최근 코로나 이후 생겨난 새로운 사회적인 변화나 일상, 규범 또는 표준을 의미하는 용어다. 즉, 앞으로 기업은 뉴노멀 2.0에 맞추어 대면과 비대면 업무 방식이 혼합된 '하이브리드 워크'를 도입할 가능성이 크다. 하이브리드 워크는 전통적인 사무실에서의 근무와 사무실 밖에서의 근무가 모두 허용되는 혼합형 근무제를 의미한다. 이는 비대면 근무의 장점을 극대화하면서 동시에 단점을 보완하는 업무 형태라 할 수 있다. 어떤 이는 하이브리드 워크를 '일부는 사무실에서 일하고, 일부는 집에서 일하는 방식'이라고 단순하게 정의하기도 하는데, 사실 하이브리드 워크로의 변화에서 주목해야 할 두 가지 포인트는 다음과 같다.

첫째, 원격 근무가 이루어지는 사무실 밖이 집을 의미하는 것은 아니라는 점이다. 재택근무 경험자들은 대부분 동의하겠지만 집이 최적의 업무 장소가 아닐 때가 많다. 카페나 원격 오피스, 스터디 카페, 도서관 등 사무실 외의 선택할 수 있는 근무지는 많다. 이러한 환경을 고려하면 근무의 일부를 집에서 하는 것이 아니라 '근무의 일부를 사무실 밖에서' 하는 거라 보는 게 옳다.

둘째, 하이브리드 워크는 단순히 사무실 안팎의 업무가 혼재하는 형태를 의미하는 것이 아니라, 궁극적으로 원격 우선(Remote-First)을 지향하는 업무 형태가 될 것이다. 코로나 이전에는 사무실 근무가 기본이고 출장이나 외근 같은 특별한 경우에만 원격 근무를 허용했다면, 하이브리드 워크는 온라인 근무가 기본이고 사무실 업무가 특별한 경우가 된다. 다시 말하면 온·오프라인 근무의 무게 중심이 역전되어 '기본은 사무실 밖에서, 일부는 사무실에서 일하는 방식'에 가까워질 것이다.

또한, 하이브리드 워크는 공간을 비롯해 직원 개개인의 업무나 상황에 따라 탄력적으로 근무하도록 지원하는 업무 환경을 아우르는 개념이기도 하다. 물리적 장소를 넘어 직원이 업무 시간을 직접 선택할 수 있도록 탄력적 근무 시간제를 제공하는 것, 온·오프라인 간의 안전하고 끊김 없는 연결을 지원하는 고품질의 IT 인프라와 시스템이 수반되는 것까지 포함된다. 예를 들어, 자녀를 둔 직원은 자녀의 등하교 시간에 맞춰 근무 시간을 조정함으로써 시간 관리와 업무 효율성을 높일 수 있다. 현실적으로 워킹맘의 경력 단절을 예방하고, 기업 입장에서도 노동력 결손을 막을 수 있다.

이에 시장조사 기관 갤럽은 2020년 연구 보고서에 직원들이 원격으로 일할 수 있는 선택 옵션을 가질 때 업무에 몰입할 확률이 높다는 것을 명시했고, 벨기에의 사회안전부 장관 프랭크 반 마젠호브는 "그들이 원하는 곳이면 어디에서나 일할 수 있도록 믿고 맡겨야 한다."라고 말하며, 자신의 부처 직원들에게 일하는 장소와 방식에 대한 자율권을 주기도 했다. 그리고 결과적으로 그가 재임한 초기 3년간 해당 부처의 생산성은 18% 증가, 연 평균 10%의 생산성 증가를 기록했고, 벨기에 행정 부처 중 가장 병가 일수가 적고, 직원들의 번 아웃 현상이 없으며, 가장 일하고 싶은 부서로 꼽혔다.

## 인디언의 말타기: 기술이 사람을 앞지르지 않도록

박희준 교수는 저서《인디언의 말타기》에서 '인디언은 말을 타고 달리다가 가끔씩 말을 세우고 뒤를 돌아보는 습관이 있다고 한다. 내 몸은 말을 타고 여기까지 달려왔지만 내 영혼이 몸을 쫓아오지 못할까 봐 영혼이 쫓아올 수 있도록 기다려 준다는 의미다'라며 인디언의 독특한 습관을 이야기했다. 나는 이 문구를 보고 최근 코로나로 인한 급격한 변화의 문제점에 대해 생각했다. 코로나로 인한 빠른 디지털 전환과 쏟아져 나오는 신기술, 업무 형태의 변화에 정작 인디언의 영혼이라 볼 수 있는 우리의 태도와 마인드는 따라가지 못하는 게 아닌가 싶은 것이다.

변화의 속도는 실로 버겁기만 하다. 인디언은 말을 타고 달리다가 멈춰 영혼이 쫓아오길 기다릴 수 있지만, 현재의 기업들은 숨 가쁘게 변화하는 기술과 규범, 표준의 변화에 따른 구성원들의 속도를 기다려 줄 수 있는가?

이러한 차이를 설명하는 이론이 바로 영국의 타비스톡 인간관계 연구소에서 제시한 '사회·기술 시스템 이론'이다. 급격한 변화의 시기에는 기술 시스템(기술 변화, 물적 자원, 업무 형태)뿐만 아니라 사회 시스템(구성원 인식과 심리 상태)을 함께 살펴야 한다는 것이 주요 내용이다. 급변하는 시기에 시스템은 기술을 통해 과업을 더 효율적이고 효과적으로 달성하는 데만 초점을 두고 사회적인 부분은 간과한다. 그러나 사회적인 부분을 간과한다는 말은 결국 변화가 조직 내의 사람에 의해 실행된다는 사실을 간과한다는 말이다. 능동적인 변화를 이끌기 어렵다.

코로나로 인해 변화한 기술 시스템에는 디지털 전환과 업무 방식의 전환일 것이다. 그렇다면 사회 시스템은 무엇인가? 그건 변화에 따른 구성원들의 심리 상태와 그를 위한 커뮤니케이션, 업무 동기에 대한 구성원의 인식과 같은 영역들이다. 이러한 변화

사회·기술 시스템 이론

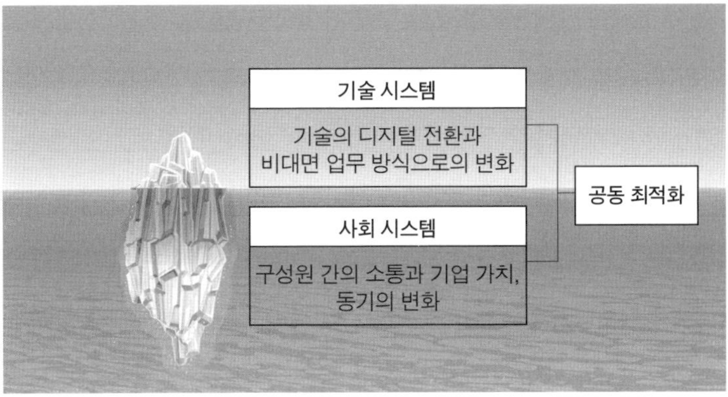

의 파도에 유연하게 올라타기 위해서는 기술 시스템과 사회 시스템을 아우를 수 있는 '공동 최적화' 과정이 필요하다. 새로운 기술과 시스템의 변화뿐 아니라, 구성원의 속도에 맞춘 소통과 변화 관리가 수반되어야 한다는 뜻이다. 인디언이 영혼을 기다리는 것처럼 기술 시스템이 사회 시스템이 따라오기를 기다리고 함께 발맞추어 갈 수 있는 노력과 다양한 시도가 필요하다.

## 언택트가 버거운 순간:
## 같은 상황 다른 고민

현재 내가 조직에서 담당하는 업무 중 하나가 조직 개발 프로그램인 맞춤형 팀 빌딩이다. 구체적으로는 새로 부임한 신임 리더들이 팀 내에서 조기에 리더십을 확보하고 팀원들과 비전을 공유, 소통하고 협업을 강화하기 위한 워크숍이다. 기획 단계에서 가장 중요한 것은 팀장이 실제로 고민하는 부분과 팀원이 체감하는 부분을 간파하고 실질적인 변화를 위해 핵심 이슈를 정의하는 부분이다. 나는 이를 위해 팀장 인터뷰를 진행하는데, 2020년 코로나 이후 팀장들이 가장 많이 하는 고민은 '비대면 상황에서의 소통' 문제였다. 팀원을 만나기조차 쉽지 않은 상황에서의 소통 문제는 다음과 같다.

“화상 회의 중에 팀원들이 집중하고 있는지 알 수가 없어요. 메시지가 잘 전달되었는지도 모르겠고요.”

“반응도 없고 질문도 없고. 그냥 저 혼자 떠들다가 끝나는 느낌이에요. 대면 미팅 때는 이 정도까지는 아니었어요.”

기업의 팀장급만이 느끼는 문제는 아니다. 기업 교육 현장, 학교 심지어 소규모 종교 모임 등에서도 이러한 어려움을 느끼는 사람이 많다. 여러 현장에서의 에피소드를 소개한다.

### 기업 교육 현장에서: 교육 담당자와 학습자

교육 담당자 A 씨는 고민이 많다. 교육을 기획하고 잘 진행되도록 지원해야 하는데, 비대면으로 바뀌며 학습자의 반응을 확인할 수가 없기 때문이다. 나름대로 과정 중에 학습자가 교육에 잘 따라오는지, 집중하고 있는지 확인하며 독려하지만 쉽지 않다. 그리고 이제는 화가 날 지경이다. ‘왜 다들 카메라를 안 켜는 거야? 카메라 좀 켜 달라고 채팅으로 공지하고 따로 메시지도 보내고, 전화까지 했는데 또 껐어.’라는 마음이 든다. 이럴 거면 교육은 왜 들어오는지 의문이다.

### 학교에서: 교사와 학생들

교사 C 씨는 요새 마음이 무겁다. 대면 수업에서는 강의 슬라이드만 준비하면 되었는데 비대면으로 바뀌고는 강의 슬라이드뿐 아니라 줌, OBS, 패들릿 등 배우고 준비할 게 늘었기 때문이다. 학생들이 수업에 들어온 순간부터 마치는 때까지 모든 게 자신의 역량에 달려 있다는 게 버겁기만 하다. '그냥 줌 틀어 놓고 오프라인 강의처럼 하면 되나?' 싶기도 하다.

### 워크숍 또는 미팅에서: 발표자와 참석자

발표자 O 씨는 이번 발표를 위해 오랜 기간 준비했다. 며칠간 밤을 새워 가며 자료를 준비하고 발표 연습도 마쳤다. 그러나 발표는 예상과 다르게 흘러갔다. '왜 아무도 반응이 없지? 이렇게 열심히 준비했는데 왜 아무도 질문을 안 하지? 다들 잘 들은 건가?' 전혀 피드백을 들을 수가 없다.

### 교회 모임에서: 리더와 멤버

교회 소그룹의 리더인 H 씨에게 예배는 생명과 같은 것이고 소규모 모임은 매우 중요하다. 그러나 매주 줌으로 모이자 점점 참여율이 저조해진다. 이제는 모임에 대한 기대감도 없어지는 것 같다. 역시 온라인 모임에는 한계가 있다는 생각이 든다. 그래도 열심히 찬양하며 기도해 보자고 권유하는 순간, "제발 모임에 집중 좀 해 주세요."라는 말이 튀어나온다.

Part 2.

# 물리적 공간이 없는 세상에서 언택트 러닝은 어떻게 성공하는가?

## 좌충우돌 언택트 현장

한국사립대학총장협의회에 따르면 코로나 이전인 2019년 10월을 기준으로 전국 4년제 대학에 개설된 강좌 598,813개 중 언택트로 진행된 강의는 5,606개로 전체 수업의 0.9% 수준이었다. 그러나 코로나 이후 전국의 대학은 모든 수업을 전면 언택트로 전환하게 되고, 이에 교수자는 큰 혼란에 빠진다. 대다수의 교수가 언택트 강의 경험 없이 온라인 개강을 맞이한 것이다. 그리고 준비가 되지 않은 채로 시작된 언택트 교육은 수업의 질 하락과 대규모 등록금 환불 사태를 일으켰다.

실제로 언택트 수업 설계 개발 및 운영에 익숙지 않은 교수들은 수업의 질 향상을 위한 고민의 시간도 없이 줌과 같은 플랫폼 활용법을 익히는 데 급급할 수밖에 없었다. 학생들에게 '콘텐츠의 질이 낮다, 학습자 간 상호 작용과 피드백이 부족하다, 수업에 대한 만족감이 낮다, 과제물 급증으로 인해 학습 부담이 증가했다'와 같은 피드백을 들은 이유다.

또한, 수업은 교수에 따라 파워포인트에 음성을 녹음한 비실시간 영상을 업로드하는 방식, 쌍방향 실시간 화상 수업 방식, 타 교수자가 제작한 콘텐츠나 유튜브, 테드, 무크, KOCW 등의 콘텐츠를 사용하는 방식 등 다양하게 진행되었으나 시의성이 맞지 않는 자료 사용, 낮은 화질과 음질 등의 이유로 불만족한 학생이 많았다.

이렇게 좌충우돌로 한 학기를 보낸 뒤, 언택트 수업에 대한 다양한 설문과 분석을 진행한 이가 있다. 펜실베이니아주립대학교에서 뉴미디어를 가르치는 강인규 교수다. 그는 2020년 1학기 첫 번째 원격 수업을 마치고 학생과 교수를 대상으로 한 설문 결과를 칼럼으로 정리했는데, 학생을 대상으로 '대면 교육을 선호하는가?'라는 질문에 '매우 그렇다 73%, 그렇다 15%'라는 답변으로 90% 가까운 학생이 대면 교육을 선호하는 것으로 나타났다. 교수를 대상으로는 '매우 그렇다 60%, 그렇다 25%'로 85%가 대면 교육을 선호했다. 그런데 흥미로운 점은 교수에게 '학생들이 대면 수업을 선호하겠는가?'라고 물었을 때 48%만이 매우 그럴 것이라고 답변했다는 것이다. 학생의 실제 답변인 73%보다 25% 낮은 수치다.

어찌 되었건 교수와 학생 모두 언택트 교육에 대한 어려움과 불만을 토로하는 형국이다. 언택트 수업을 지속하며 접점을 찾아가고는 있지만 성공적인 언택트 수업을 위한 다양한 시도가 필요하다.

## 참여 자체가 중요한 오프라인 VS 참여 의지가 중요한 언택트

코로나 이후 인적자원개발 현장에는 두 가지 양상이 나타난다. 코로나로 오프라인 교육이 중단되면서 담당하는 업무가 사라진 그룹과 오프라인 교육이 언택트 교육으로 전환하면서 눈코 뜰 새 없이 바빠진 그룹으로의 양분이다. 여기에서 중요한 것은 오프라인 교육과 언택트 교육의 본질적 특성에 대한 차이를 이해하는 것이다.

우선 오프라인과 언택트 사이에는 교육장이라는 물리적 공간, 즉 현장감의 차이가 가장 크다. 오프라인 교육은 학습자의 교육장으로의 참석 여부가 중요하다. 교육장이라는 물리적 공간에 들어서는 순간 업무와는 단절된 세상으로 들어서게 된다. 기업의 인재개발원이 산과 같은 자연이 좋은 곳에 있는 것도 이러한 이유다. 또한 오프라인 교육장에서는 우연한 만남이 발생한다. 교수자와 참여자 간의 만남과 인터랙션, 공간이 주는 안정감, 그 안에서 공유되는 지식 등이 교육자에게 배움을 제공한다. 그래서 많은 교수자가 "일단 교육에 보내만 주세요. 그다음은 제가 책임지고 가르치겠습니다."라고 자신 있게 말하는 것이다.

그러나 언택트 교육에는 물리적 공간이 없다. 줌과 같은 플랫폼에 접속하더라도 실제로는 혼자다. 교수자 입장에서는 카메라를 끌 수도 없고 참여자의 반응을 확인할 길이 없다. 또한, 언택트 교육에서는 우연한 만남이 발생하지 않는다. 오프라인에서는 쉬는 시간이나 점심시간에 사람과 만나며 다양한 대화를 하지만 언택트에서는 쉬는 시간이면 카메라와 마이크를 끄고 혼자 쉰다.

언택트에서는 학습자에게 동기와 준비된 관심, 배움에 대한 절실함이 없으면 효과가 급감한다. 다시 말해, 언택트의 성공 여부는 참여자의 의지에 달렸다는 말이다.

개인적으로 오프라인 교육의 이미지를 떠올리면 어린 시절 자유롭게 뛰놀던 동네의 공터가 생각난다. 우연히 동네 친구들을 만나서 자갈이나 막대기를 주워 놀며 추억을 만들고 성장하는 공간, 오늘 논 친구와 내일 놀 친구가 다를 수 있는 그런 곳 말이다. 반면, 언택트 교육을 떠올리면 컨테이너 공간이 생각난다. 삭막하고 공허하며 자연과 우연한 만남이 들어설 자리가 없어 보이는 공간이다.

그러나 이렇게 생각해 보자. 텅 빈 컨테이너를 방 탈출 카페로 만든다면? 또는 기발한 도구로 미니 올림픽을 열 수 있는 경기장으로 만들거나, 아로마 테라피를 체험할 수 있는 공방을 만든다면? 더는 텅 빈 공간이 아니라 멋진 액티비티 공간이 될 것이다.

나는 언택트 교육의 특성을 다음과 같이 말하고 싶다. 오프라인보다 우연적인 만남과 배움의 기회는 부족하지만, 기획자의 치밀한 설계와 준비에 따라 완전히 새로운 콘셉트의 공간이 탄생하는 곳, 기획자의 의도에 따라 얼마든지 재탄생하는 무궁무진한 공간이라고 말이다. 관점을 달리하면 좋을 것 같다.

언택트 기획 및 진행 경험이 많아지면서 주위의 교육 담당자들이 "언택트 교육 준비하는 거 너무 힘들지 않아요?"라고 묻고는 한다. 물론 힘들다. 처음 준비할 때는 5개 이상의 오프라인 교육을 준비하는 것만큼 힘들었다. 그러나 언택트 교육은 준비한 만큼 보람과 성취감이 따른다. 무엇이든 해 볼 수 있는 가능성이 있는 공간이기 때문이다. 그래서 나는 오늘도 수많은 과정을 앞두고 함께 일하는 동료들께 메시지를 보낸다.

"지난번에 이런 피드백이 있었잖아요. 제가 생각해 봤는데 이렇게 바꿔 보면 더 좋을 것 같지 않아요? 매번 바꾸자고 해서 죄송한데, 진짜 더 좋아질 거예요. 저의 촉을 믿으시죠?"

## 시공간의 경계가 사라진 세상에서의 언택트 러닝

과연 언택트는 어렵기만 한 걸까? 오프라인 교육과 다른 기획과 준비가 어렵긴 하다. 그러나 언택트 교육에는 언제 어디에서나 학습이 가능하다는 큰 장점이 있다. 특히 코로나 이후 실시간 러닝, 마이크로 러닝, 플립 러닝, 소셜 러닝 등 다양한 언택트 교육이 활성화되었고 이를 뒷받침하는 에듀테크 기술이 폭발적으로 성장했다. 언택트의 강점을 보여주는 몇 가지 사례를 공유한다.

### 무크

무크(MOOC)는 MIT, 스탠퍼드대학교, 하버드대학교 등 세계 유수의 대학이 제공하는 강의를 언택트로 수강할 수 있게 하는 서비스로 2020년 유네스코 포럼에 처음 등장한 OER(Open Educational Resources, 공개 교육자원) 운동 이후 오픈되었다.

더 많은 교육 기회 제공에 대한 인식이 확산되며 MIT 등 일부

대학에서 강의를 제공한 게 시초로, 이후 스탠퍼드대학교의 컴퓨터과학과 앤드루 응 교수의 코세라(Coursera), 구글의 자율 주행 자동차 개발을 주도한 세바스찬 스런의 유다시티(Udacity), 하버드대학교와 MIT의 에덱스(edX), 유럽의 퓨처런(Futurelearn) 등이 잇따라 개설되었다. 누구나 접속만 하면 명사의 강의를 무료로 수강할 수 있으며, 뉴욕타임스는 2012년을 '무크의 해'라고 표현할 정도로 무크를 주목했다.

- 코세라: https://www.coursera.org/
- 유다시티: https://www.udacity.com/
- 에덱스: https://www.edx.org/
- 퓨처 런: https://www.futurelearn.com/
- K-무크: http://www.kmooc.kr/

우리나라도 2015년부터 언택트 공개강좌 서비스인 K-무크를 제공하고 있다. 2015년 27개 강좌를 시작으로 2020년에는 999

개까지 늘었고, 2019년에는 일반인이 K-무크를 이수해 학점은행제로 학점을 인정받을 수 있게 했다. 해외의 무크보다 강좌 수가 부족하고 영상 위주여서 아쉽지만 서울대학교와 고려대학교, 성균관대학교 등과 적극적으로 연계하여 강의의 품질이 개선되고 있다.

주요 무크 현황

| 구분 | 코세라 | 에덱스 | 유다시티 | K-무크 |
|---|---|---|---|---|
| 도입 시기 | 2012년 | 2012년 | 2012년 | 2015년 |
| 강좌 수 | 2,640개 | 3,800개 | 200개 | 745개 |
| 이용자 수 | 2,400만 명 | 4,500만 명 | 1,150만 명 | 64.5만 명 |

무크는 코로나의 확산으로 다시 주목받고 있는 실정이다. 2020년 3~5월의 코세라 신규 가입자는 1,000만 명으로 전년 동기 대비 7배나 증가했으며, 대화형 훈련과 온라인 포럼, 멘토링 등의 새로운 교육 모델 개발로 진화하고 있다.

### 미네르바대학

미네르바대학은 벤처기업 스냅피쉬의 CEO였던 벤 넬슨이 설립한 대학으로 하버드대학교보다 입학하기 어려운 대학, 캠퍼스가 없는 대학으로 유명하다. 캠퍼스와 강의실이 없기에 학생들은 ALF(Active Learning Forum)라는 프로그램을 실행해 강의에 접속한 뒤, 언택트로 담당 교수나 다른 학습자들과 상호 작용하며 학습한다.

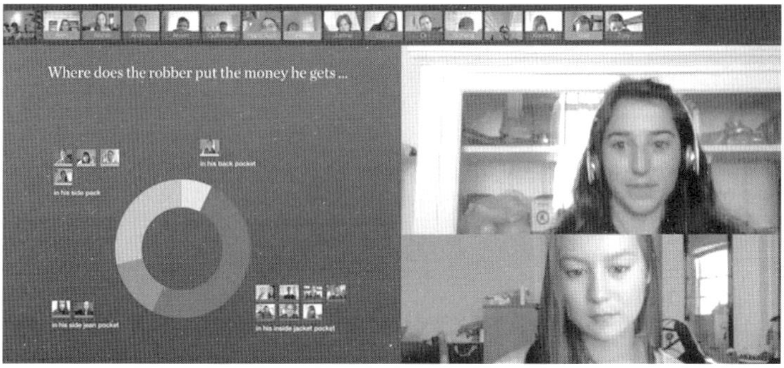


미네르바대학의 ALF 프로그램 기능

| 기능 | 설명 |
|---|---|
| 화상 수업 | 웹에서 영상과 음성을 이용한 수업을 진행할 수 있도록 지원하며 1:N, 1:1로 진행할 수 있다. 참여자에게 발언권 부여도 가능하다. |
| 문서 작성 및 그룹 토의 | 다양한 수업 도구를 이용하여 강의, 토론, 그룹 토론, 시뮬레이션, 퀴즈, 설문조사, 팀 프로젝트 등의 학습을 진행할 수 있다. |
| 1:1 피드백 | 화면과 데이터를 공유하고, 설문과 퀴즈 기능을 통해 학습자의 성취도를 확인한다. 채팅 기능을 통해 의견과 질문을 자유롭게 게시할 수 있다. |
| 관리 | 수업 녹화, 학습자 참여 데이터, 시간 트래킹, 학습 결과 등의 정보 모두 데이터베이스화하여 관리한다. |

구체적으로 미대르바대학의 학생들은 책, 테드, 무크, 유튜브, 뉴스 등을 통해 지식을 습득한 뒤 ALF에서 토론과 심층 학습을 한다. 모든 강의는 20명 이내로 구성되며 학습자의 참여도와 수업 내용은 데이터베이스화되어 객관적인 평가와 상담 자료로 활용된다.

미네르바대학의 지원자는 매년 증가세다. 2014년 지원자 2,500명을 시작으로 2015년에는 11,000명으로 늘었고, 2019년에는 23,000명이 지원하여 합격률이 1.2% 수준이었다. 같은 해 하버드대학교 합격률이 5.9%였으니 세계적인 톱클래스 학교보다 훨씬 입학하기 어려운 셈이다.

흥미로운 점은 모든 학생이 4년간 총 7개 도시를 이동하며 기숙사 생활을 해야 한다는 점이다. 1학년은 미국의 샌프란시스코, 2학년은 우리나라의 서울과 인도의 하이데라바드, 3학년은 독일의 베를린과 아르헨티나의 부에노스아이레스, 4학년은 영국의 런던과 대만의 타이베이 기숙사에서 생활한다. 단순히 공부만 하는 것이 아니라 다양한 문화를 체험하고 교류하며 성장의 계기를 제공받는 것이다. 그리고 미네르바대학의 2019년 5월 106명의 첫 학부 졸업생들의 활약은 대단했다. 하버드대학교 박사 과정에 지원한 세 명이 모두 합격하고, 한 명이 케임브리지대학교 석사 과정에 합격한 것이다. 또한 스타트업을 시작한 세 명의 학생은 시장에서 50억 달러의 투자를 받았으며, 아이비리그 졸업생들도

3~5년 뒤에나 입사할 수 있는 기업에 단번에 취직한 학생들도 있었다.

## 각 기업의 언택트 현장

현재 재직 중인 L사 또한 언택트로 지식 교류가 한창이다. IT 기업 특성상 뛰어난 엔지니어의 노하우를 전수받는 것이 중요한데, 실리콘밸리의 엔지니어들에게 언택트로 교육을 받을 기회를 얻게 된 것이다. 이전에는 해외의 엔지니어에게 교육을 받으려면 비싼 강의료와 왕복 항공료, 숙박료 등을 지불해야 했지만 지금은 그렇지 않다. 일주일에 한 번 줌으로 스터디를 진행하며, 열정이 있는 학습자가 대상이므로 만족도도 높다. 게다가 그룹사 차원의 석학 세미나도 세계 석학 수준의 세미나로 발돋움했다. 언택트가 가져온 시공간을 초월한 학습이라는 특수성이 현장에서도 드러나는 셈이다.

그러나 교육업 종사자들에게는 무한 경쟁의 시대가 열렸다고 볼 수 있다. 교육 분야에서 부익부 빈익빈 현상이 심화할 것이다.

## 언택트에서 대면 중심의 패러다임은 작동하지 않는다

간혹 언택트 교육을 준비하는 교육 담당자 중에 리더와의 의견 충돌로 어려움을 겪는 사람이 있다. 오프라인 교육의 관점을 견지한 리더와 일하는 경우에 그렇다. 이런 리더는 오프라인 강의를 줌으로 하면 되는데 뭐가 힘든지를 묻는다.

언택트의 패러다임은 오프라인과 전혀 다르다. 오프라인 교육을 구성원, 콘텐츠, 플랫폼 차원에서 살펴본다면 교육을 진행하는 담당자들은 오프라인 강의실 중심의 과정(교과목) 담당자였다. 물리적 공간, 교수자와 학습자가 존재하며 '손에 잡히는' 과정을 컨트롤하면 되는 오프라인 과목의 담당자였다. 또한 콘텐츠도 강의안과 출력 교재 정도만 준비해도 되었다. 플랫폼이 그리 중요하지 않았으며, 학습자의 출결과 과제 제출 여부만 확인할 수 있으면 되었다.

그러나 언택트 상황에서의 교육 담당자는 교육의 효과를 높이기 위한 콘텐츠 큐레이터이자 총괄 PD가 되어야 한다. 구체적으로 콘텐츠는 출력 교재가 아니라 언제 어디에서나 학습할 수 있는 마이크로 러닝 형태의 콘텐츠를 마련해야 하며, 학습 플랫폼은 출결 여부뿐 아니라 교육 과정 전반을 효과적으로 지원하는 '경험형 플랫폼(LXP, Learning-eXperience Platform)'을 제공해야 한다.

모두 교육 기획자가 해결해야 할 페인 포인트와 관련해 있다.

오프라인에서는 학습자를 자리에 앉히고 물리적으로 강의를 들을 수 있게 할 수 있었다면 언택트에서는 학습자가 카메라를 꺼 버리면 참여하게 할 방법이 없다. 게다가 언택트는 오프라인보다 피로감은 높고 몰입도는 낮다. 노트북 등 스마트기기가 주는 피로감은 크다. 그리고 가장 어려운 것은 교수자와 학습자가 함께 있다는 느낌이 없는 것이다.

세계 최대 규모의 HR 콘퍼런스인 ATD 2021에서는 '언택트 시대의 교육 변화(Beyond Classroom)'를 세 가지로 제안했다.

첫째는 커리큘럼의 변화이다. 오프라인 교육에서는 몇 시간 과정 중심의 강좌로 진행되었지만, 언택트 러닝에서는 몇 주 동안의 학습 여정을 기획하여 학습자가 주체적으로 학습할 수 있도록 설계해야 한다. 둘째는 공간이 강의실이라는 물리적인 장소에서 학습자라는 학습이 실제로 일어나는 존재적 공간으로 이동해야 한다. 물리적인 공간은 사라지고 학습의 대상이자 주체인 학습자만 남은 것이다. 셋째는 교육 담당자의 역할 변화이다. 교육 담당자는 학습자에게 무엇을 제공하는 존재가 아니라, 학습자의 입장에서 학습을 촉진하고 도울 수 있는 존재로 변화해야 한다.

## 언택트에서의 실재감은 왜 중요한가요?

언택트 교육이 활성화되면서 '실재감(Presence)'이라는 개념이 확산되었다. 실재감이란 '어딘가에 존재하는 느낌'을 의미하는데, 학습자의 주관적인 인식이 강조된 개념이다.

학습에서의 실재감과 관련한 이론은 개리슨·앤더슨·아처의 탐구공동체 모형(2000)을 보면 알 수 있다. 교육을 진행하는 교수자가 있음을 인지하는 '교수 실재감', 다른 학습자도 함께한다는 것을 인지하는 '사회적 실재감', 교육을 통해 배움이 일어난다는 '인지적 실재감'이 있어야 의미 있는 학습이 가능하다는 이론이다.

이와 같은 탐구공동체 모형을 토대로 왕과 강은 '언택트 환경에서의 협력 학습과 실재감(2006)'을 연구하여 언택트 상황의 몰입과 교육 효과성 향상을 위한 학습 실재감을 '인지적 실재감, 사회적 실재감, 감성적 실재감'의 세 가지 영역으로 나누어 몰입을 위한 주요 요인들을 정리했다.

첫째, 인지적 실재감은 해당 학습의 과정 중에 형성되고 강화되는 요인으로 '학습자가 해당 학습을 진행하면서 얼마나 집중하고 몰입하고 있는가'에 대한 부분이다. 학습 과정이 나에게 얼마나 도움이 되고 배움이 일어나고 있는지에 대한 인식을 의미한다.

둘째, 사회적 실재감은 학습 과정 중에 '누군가(교수자 또는 학습자)와 교류하고 있다고 느끼는 것'을 의미한다. 소통하는 가운데 서로의 존재를 확인하고 커뮤니케이션을 통한 상호 이해와 친밀감 향상을 통한 상호 학습이 되고 있는지에 대한 인식이다. 사회적 실재감의 유무는 특히 언택트 학습에서의 몰입을 위해 중요하다.

셋째, 감성적 실재감은 학습자가 학습 상황에 대해 인식하는 감성적·주관적 인식으로 '학습에서의 모든 경험이 얼마나 긍정적인 느낌을 주는지에 대한 부분'이다. 감성적 실재감은 언택트 환경에만 주어지는 독특한 점으로, 창의성과 혁신성을 지속해서 증가시키며, 실패에 직면했을 때 문제 해결을 돕는다. 즉, 언택트 환경에서 학습이 효과적으로 이루어지려면 학습이 감성을 매개로 이루어지고, 과정 전반을 학습자가 긍정적으로 인식해야 한다.

## 언택트 성공을 위한 3요소

언택트는 몰입도와 효과성이 낮다고 생각하는 이들이 있다. 물리적 공간이 주는 현장감과 사람의 우연한 만남으로 촉진되는 인터랙션이 부족하다고 보기 때문이다.

그럼에도 불구하고 언택트 시장은 놀랍게 성장하고 있다. 온라인 학습 플랫폼 '클래스 101'은 유료 강좌를 언택트로 쉽고 편하게 학습하도록 만들어진 서비스다. 학습에 필요한 도구를 사전 딜리버리로 제공하는 등 언택트지만 오프라인처럼 진행하는 게 특징으로, 2021년 5월 초를 기준으로 전년 동기 클래스가 3배 이상 성장해 1,800개로 늘었고 방문자 수는 코로나 이전 대비 약 4배에 육박하는 3,000만 명을 기록했다. 수강생의 만족도 또한 평균 97%로 매우 높다. 온라인 성인 교육 기업인 '패스트캠퍼스'도 2021년 상반기 기업 교육 매출액이 전년 대비 277% 성장했다. 코로나로 기업들의 비대면 교육 수요가 늘었기 때문이다.

언택트의 효과성이 낮다면 유료 언택트 교육 기업의 놀라운 성장세는 무엇으로 설명할 수 있을까? 나는 언택트 환경에서 몰입도와 효과성을 거두지 못했다면, 언택트 상황의 특수성과 이를 반영한 경험 설계 역량, 언택트 라이브 도구의 활용이 부족한 탓이라고 본다. 반대로 말하면 언택트 러닝의 특수성과 어려움(Pain Point)을 이해하고, 이에 맞는 대안을 준비한다면 참여자의 몰입과 학습 효과를 충분히 증대시킬 수 있다고 주장하고 싶다.

학습 동기를 설명하는 이론 중에 '자기결정 이론'이 있다. 학습 동기에는 보상과 같은 외재적 동기와 심리적 욕구가 채워졌을 때 강화되는 내재적 동기가 있는데, 내재적 동기를 구성하는 '역량,

자율성, 관계'라는 세 가지 욕구가 모두 채워졌을 때 진정한 학습이 이루어진다는 이론이다. 구체적으로 '역량'은 자신의 삶과 환경을 통제하고 조정하여 자신이 원하는 결과를 만들고자 하는 욕구를 말하며, '자율성'은 자기 행동을 스스로 선택하고 결정하고자 하는 욕구를 말한다. '관계'는 타인과 연결되고 소속되길 원하는 욕구다.

문제는 언택트 상황에서는 이 세 가지 욕구가 채워지지 않는다는 것이다. 그러므로 언택트로 전환할 때는 참여자 입장에서 '나에게 도움이 되는, 스스로 선택하는, 참여하는' 욕구를 충족시킬 수 있어야 한다.

### 첫 번째 키워드: 나에게 도움이 되는

미국의 시사 주간지 〈타임〉은 2006년 올해의 인물로 '당신(You)', 즉 개인을 선정했다. "개인들이 소수의 권력자로부터 권력을 쟁취했고, 개인은 세상을 바꿀 뿐 아니라 세상이 변화하는 방식마저 바꾸어 낼 것"이라고 말하며, 조직의 시대는 가고 개인의 시대가 도래했다는 걸 강조한 것이다.

모바일과 SNS의 발달은 사람들의 사고방식과 생활을 혁신적으로 변화시켰고, 소확행(소소하지만 확실한 행복)과 잡 노마드(자신의 의지에 따라 자유롭게 직업을 변경하는 사람), 밀레니얼 세대의 등장은 조직의 시대가 끝나고 개인 중심의 시대가 되었음을 보여주는 지표가 되었다. 즉, 조직이나 단체보다는 나 자신이 우선이고 나에게 도움이 되는 것이 중요한 시대가 되었다.

언택트의 가장 큰 특성은 미디어를 통해 소통한다는 점이다. 노트북, 스마트폰, 태블릿 등의 디지털기기를 통해 접속한 참여자는 한 번의 클릭만으로 카메라와 마이크를 켰다 끌 수 있다. 학습의 주도권이 학습자에게 넘어갔다는 뜻이다. 참여할 마음이 없는 사람은 무슨 수를 써도 참여하게 만들 수 없다. 즉, 학습자는 언택트 상황이지만 '나에게 도움이 된다'라고 판단하면 자발적이고 적극적으로 몰입한다.

예를 들어, 나는 최근에 갤럽의 '스트랭스파인더 34(Strength Finder 34)'라는 프로그램을 활용한 강점 기반 워크숍을 설계해 교육을 진행한 적이 있다. 스트랭스파인더 34란 사람마다 가지고 있는 강점을 분류해 어떻게 최상화를 발현하느냐는 행동 전략을 말해주는 프로그램이다. 나는 이 프로그램을 참석자 전원에게 제공해 자신의 강점을 찾아 분석하게 했다. 그랬더니 참석자들은 놀라운 집중도와 몰입도를 보여주었고, "나의 강점을 분석하고 도출해 보니 나를 더 잘 알게 되었다."라는 의견을 내놓았다. 나도 몰랐던 나를 발견하는 일을 자신에게 도움이 되는 일이라 여기고 몰입한 것이다.

### 두 번째 키워드: 스스로 선택하는

다니엘 핑크의 저서 《드라이브》에는 '동기부여 3.0'에 대한 개념이 나온다. 동기부여 1.0은 생존 즉, 생물학적 존재로서 생존을 위한 투쟁이다. 일차적인 동기 부여 요소이다. 동기부여 2.0은 산업화 이후 물질적 풍요를 만든 외적 동기 부여 요소이다. 금전적 보상 등 강력하지만 인간을 수동적으로 만드는 동기 부여로 지속성이 떨어진다. 그렇다면 동기부여 3.0은 무엇일까? 바로 내적 동기다. 내적 동기는 스스로 가치와 의미를 느껴서 '선택'하는 내재적 동기 요인으로 그 일 자체가 보상이 된다.

결국 인간은 스스로 선택함으로써 내적인 동기 부여를 획득한다. 그리고 언택트는 참여자들이 선택할 기회를 제공하고 내적인 동기부여 3.0 수준에 도달할 수 있도록 지원해야 할 필요성과 의무가 있다.

현재 L사는 메타버스에서 '커리어 온(Career On)'이라는 프로그램을 통해 직원들이 사내 전문가와 대화할 수 있도록 하고 있다. 참석자가 전문가를 선택해 소그룹에 참여한 뒤 커리어에 대한 조언을 얻는 것이다. 이 프로그램의 특이점은 전문가 세 명 중 최종적으로 두 명만 선택하는 것이다. 선택하지 않은 한 명의 조언은 들을 수 없다. 그리고 인간은 스스로 선택한 것에 의미를 부여하고 몰입하므로 두 명의 전문가와의 시간을 소중하게 생각했다. 이에 L사 또한 세 명의 전문가를 모두 만날 수 있도록 해 달라는 요청에도 포맷을 바꾸지 않았다.

### 세 번째 키워드: 참여하는

관성의 법칙이란 운동하는 물체는 계속 운동하려고 하고, 정지한 물체는 계속 정지해 있으려고 한다는 이론이다. 그런데 언택트에도 이러한 관성의 법칙이 적용된다. 참가자가 질문에 대답하지 않는 침묵의 군중에 속해 있다면 참여하지 않는 게 당연하다. 반면, 채팅이든 육성이든 한두 번 참여하다 보면 어느 순간 적극적으로 참여하고 몰입하는 모습을 보게 된다. 따라서 언택트 환경 기획자가 고민해야 할 것은 '참석자들을 어떻게 지속적으로 참여하게 만드는가'라는 점이다. 《마켓 3.0》의 저자 필립 코틀러는 다음과 같이 말했다.

"내게 말해보라. 그러면 잊어버릴 것이다."
"내게 보여주라. 그러면 기억할지도 모른다."
"나를 참여시켜라. 그러면 분명히 이해할 것이다."

**Metaverse**

Part 3.

# 몰입과 참여의 열쇠, 언택트 경험 디자인

## 경험, 최고의 파트너거나 방해자거나

성인 교육의 체계적 이론의 토대를 마련한 에두아르드 린드만은 '성인 대상의 학습에서 가장 중요한 가치는 학습자의 경험에 있고, 경험은 가장 풍부한 자원'이라고 말했다. 그리고 이와 유사한 관점에서 '안드라고지(Andragogy, 성인교육학)' 개념을 체계화한 말콤 노울즈는 경험을 학습에 영향을 미치게 만들기 위한 방법을 다음 네 가지로 정리했다.

1. 더욱 광범위한 개인차 만들기
2. 학습을 위한 풍부한 자원 제공하기
3. 새로운 학습을 방해하거나 촉진할 수 있는 선입견 만들기
4. 성인의 자아 정체성 확립을 위한 기반 제공하기

지금까지는 대부분 경험적 학습 기법을 강조하며 1, 2, 4번 항목에 주목한 게 사실이다. '경험은 개인이 각기 다른 경험과 깨달음을 얻도록 하고, 그로 인해 차이가 생긴다(1번)', '학습은 기존의 경험과 연계되어 시너지를 만든다(2번)', '경험을 통해 성인은 본인이 누구고, 스스로 잘하거나 하지 못하는 것을 깨닫는다(4번)'이다. 그러나 최근 경험의 중요성에 대해 연구하는 이들은 3번 항목에 주목한다. 경험이 새로운 학습을 방해하거나 촉진하는 데에 결정적인 역할을 한다는 시각이다.

스키마(Schema) 개념을 살펴보면 도움이 될 것이다. 스키마는 심리학에서 파생한 용어로 '경험이나 지식으로 축적되어 구조화된 추상적 구조'를 의미하며, 과거의 반응이나 경험에 의해 생성된 지식이나 반응 체계가 환경에 적응하고 대처하도록 하는 역할을 한다. 만약 스키마가 없다면 우리는 외부에서 일어나는 모든 행위를 항상 새롭고 우연적이며, 아무 이유 없이 닥쳐오는 사건으로 보게 될 것이다. 예를 들어, 인간은 음식의 맛과 배부름을 경험을 통해 알기에 좋아하는 것을 선택해 적당히 섭취한다. 그러나 스키마가 없다면 모든 음식을 늘 처음 접하는 음식인 것처럼 먹고 자극을 경험할 것이다.

그렇다면 3번 항목인 경험이 새로운 학습을 방해하거나 촉진할 수 있는 선입견을 만든다는 의미는 무엇인가? 이는 누적된 경험으로 형성된 스키마가 새로운 학습 자극이 올 때, 수문장이 되어서 이 자극이 도움이 될지, 도움이 안 될지 먼저 판단하는 역할을 한다는 것이다. 같은 내용을 어떤 이는 눈을 반짝이며 집중하는 반면 어떤 이는 무관심으로 대처한다. 각자 가지고 있는 스키마가 다르기 때문이다. 전자는 스키마가 교육 내용을 나와 관련이 있고 관심이 있는 영역이라고 판단한 경우고, 후자는 스키마가 교육 내용을 나와 관련이 없는 것으로 판단한 경우다.

이런 이유로 경험은 학습의 최고 파트너가 될 수 있고 동시에 학습을 방해하는 존재가 될 수 있다.

## 구성주의와 경험 디자인

미네르바대학의 학장 스테판 코슬린은 "강의는 가르치기에 효율적일 수 있지만 배우는 입장에서는 최악이다."라고 말했고, 17세기를 살았던 갈릴레이 갈릴레오는 "가르치기는 어렵다. 스스로 깨닫게 해야 한다."라고 말했다. 둘의 공통점은 '구성주의' 관점에서 학습자의 중요성을 강조한다는 점이다.

구성주의는 인식론이자 학습 이론의 한 형태로 '지식의 본질은 무엇인지, 학습자들이 어떻게 학습하는지'를 다룬 이론이다. 그러나 최근 구성주의는 인식론과 학습 이론의 범위를 넘어서 교수

설계 및 평가를 위한 이론과 심리 치료를 위한 이론으로까지 확장되었다.

그렇다면 최근의 구성주의는 무엇에 주목하는가? 최근의 연구자들은 '구성주의가 학습자들 스스로 지식을 구성하게 한다'라는 점에 집중한다. 개별 학습자는 본인 스스로 학습하고 개별적으로 그 의미를 구성하며, 이 의미의 구성이 곧 학습으로 이어진다는 것이다. 이러한 구성주의가 언택트 러닝에 주는 시사점은 두 가지이다. 바로 언택트 러닝에서 중요한 것은 교육의 과정과 커리큘럼이 아니라 '학습자' 자체라는 것과 학습자 스스로 경험에 기반한 지식을 생성하고 재구성하도록 도와야 한다는 것이다.

## 언택트 기획자의 새로운 역할: 몰입 경험 디자이너

나는 언택트 효과성을 고민하는 이들 즉, 교육 담당자나 교사, 업무 담당자, 교회 소그룹 리더를 통칭하여 '언택트 기획자'라는 표현을 사용하고자 한다. 그렇다면 언택트 기획자는 언택트 교육의 몰입과 효과성을 높이기 위해 무엇을 해야 할까?

기존 오프라인 중심의 패러다임(강의실 중심의 오프라인 콘텐츠와 플랫폼)에서 벗어나 학습자 중심으로 추를 옮긴다면 언택트 기획자로서 해야 할 새로운 일이 보일 것이다. 그리고 나는 언택트 기획자의 새로운 역할을 '몰입 경험 디자이너'로 정의한다.

무언가를 디자인한다는 것은 어떻게 하면 사용자가 유용하게 사용할 수 있을지를 고민하고 이에 대한 솔루션을 제품 설계에 반영하는 것이다. 따라서 몰입 경험 디자이너는 학습자가 자신과 배움 간의 연결성을 찾아 배움에 흥미를 느낄 수 있도록 도와야 한다. 또한, 제품을 잘 디자인하기 위해서는 사용자의 입장이 되어 제품을 사용했을 때를 시뮬레이션해야 하는데, 구체적으로 사용자가 어떤 사용자 여정(User eXperience, UX)을 겪을지를 생각해 보고, 어떻게 해야 더 좋은 여정을 제공할 수 있을지 고민해야 한다.

이런 활동을 특별한 제품을 대상으로 하는 직무 수행자라면 'UX 디자이너'라고 부르고, 학습의 관점에서 학습 여정을 설계하는 직무 수행자를 '학습 경험 디자이너(LX 디자이너)'라고 부른다. 그리고 학습 경험을 디자인하는 것은 학습 이후 시간이 지나면서 남는 정보나 기억의 양과 직결된다.

2006년, 탈하이머는 학습 경험 설계에 따른 망각 시간을 연구했다. 학습 경험 설계 방식은 세 가지로, 먼저 많은 양을 한꺼번에 제공하는 일반적인 학습 방식에서는 모두가 예상하듯 학습이 완료된 후 빠르게 잊혔다. 그리고 간격을 두고 학습을 진행하는 '분

산 학습' 방식에서는 뇌에서 학습 내용을 다시 인출하고 정교화하는 과정에서 장기 기억으로 변환했다. 결과적으로 학습의 내용을 조금 더 오래, 더 많이 기억할 수 있었다. 마지막은 학습이 완료된 후 테스트와 학습을 병행하는 '재활성화 학습' 방식이다. 이는 지속적으로 학습 내용을 인출하고 정교화하는 과정을 반복함으로써 학습 내용을 가장 오래 기억할 수 있었다.

즉, 몰입 경험 디자이너는 학습자 관점에서 어떤 경험을 제공할지에 대한 고민뿐 아니라, 교육 내용이 오래 저장될 수 있는 방법을 강구해야 한다.

탈하이머의 시간 경과에 따른 학습 망각

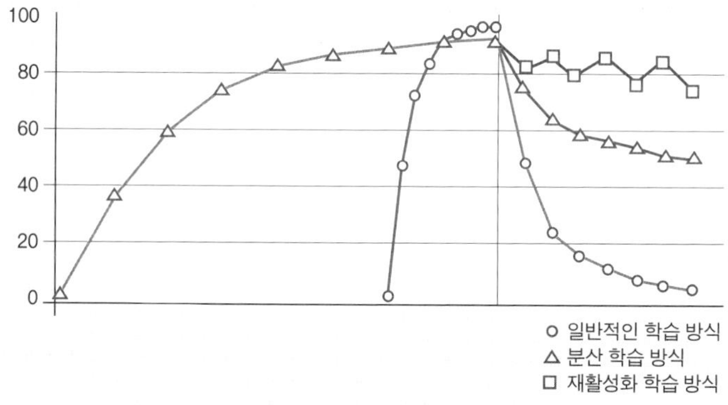

## 경험 디자인이란?

경험 디자인은 '참가자의 입장에서 의미성, 효과성, 주도성을 가지고 몰입할 수 있도록 경험과 여정을 사전 기획하고 촉진하는 과정'을 의미한다. 《가르치지 말고 경험하게 하라》의 저자 김지영 대표는 학습 경험 설계에서 다음 두 가지에 집중할 것을 제안했다. 바로 '연결'과 '거꾸로 설계(Backward Design)'이다. 먼저 학습 경험 디자이너는 과정을 설계하는 단계에서부터 연결자의 역할을 수행해야 한다. 설계 단계에서부터 학습 내용을 학습자와 어떻게 연결할지를 고민해야 한다는 의미다.

아래의 질문을 통해 학습자의 입장이 되어 보고, '학습자 공감 지도'를 활용해 조금 더 구조화하여 살펴보도록 하자.

- 내가 학습자라면 본 과정에 참여하고 싶을까? 본 과정에 흥미를 끌 요소와 방법론적 부분이 있는가?
- 학습자의 배움을 촉진하기 위해 필요한 내용과 자료는 무엇인가?
- 해당 내용과 학습자가 충분히 상호 작용하기 위해서는 어떤 경험이 필요할까?
- 모든 과정이 끝났을 때 학습자는 최종적으로 어떤 결과물을 얻을까? 결과물은 학습자에게 충분한 의미와 동기 부여가

될 수 있을까?

학습자 공감 지도

*출처: https://lxd.org

'거꾸로 설계'는 교육 과정이 끝난 뒤 결과를 예측하는 방법이다. 보통은 내가 가지고 있는 콘텐츠 패를 확인하고 어떤 패를 낼 것인가를 고민한다면, 거꾸로 설계 방법에서는 학습자의 경험을 1순위로 해 '학습자가 어떤 경험을 하는 것이 학습 목적 달성에 도움이 되는가'를 고민하는 게 우선이다. 그러고 나서 그 경험을 하도록 돕는 콘텐츠와 활동을 생각해 보아야 한다. 즉, 콘텐츠 활용과 활동은 조연이 되어 학습자의 경험이라는 주연을 도와야 한다.

거꾸로 설계의 방법에는 세 단계가 있다. 첫 번째 단계는 '바라는 결과를 확인하기'이다. 본 과정이 끝났을 때 학습자는 어떤 모습일지, 달성하고자 하는 학습 결과는 어떤 모습일지를 투 비 이미지(To-Be Image)로 구체화하는 것이다. 다음은 '수용 가능한 증거 결정하기'다. 과정의 단계별로 거꾸로 설계한 학습 목표가 달성되었는지를 어떻게 확인할 수 있을지에 대한 아웃풋을 정의하고, 이를 확인할 수 있는 방법을 사전에 설계해야 한다. 마지막은 '학습자의 경험을 구체적으로 설계하기'다. 이해하기, 생각하기, 성찰하기, 실습하기 등이 모두 포함된다.

사실 거꾸로 설계는 문제 해결 방법론 프로세스와 유사하다. 문제 해결 방법론이란 해결해야 할 문제를 정의하고, 그것이 해결되었을 때의 이상적인 모습(To-Be)를 정의하고, 현재의 상태(As-Is)를 정의한 다음, 그 갭을 진단하고 갭을 만드는 원인을 구체화해 각각의 솔루션을 제시하는 방법이다. 그리고 학습 경험 설계 또한 학습자의 결과 이미지를 구체화하고 이를 달성할 수 있는 방법과 액션 아이템을 적용하는 방식으로 이루어진다.

다음은 위의 방법을 구체적으로 그려 볼 수 있도록 돕는 도구인 '학습 여정 지도'이다. 과연 학습자의 경험이 어떤 과정을 통해 어떻게 구체화되는지 미리 그려 보고 설계할 수 있다.

학습 여정 지도 예시

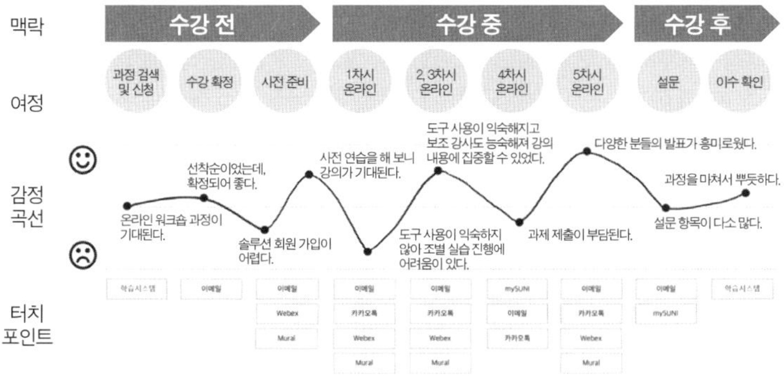

# 언택트 경험 디자인을 위한 DEPAS 공식

이번에는 경험 디자인을 활용한 언택트 경험 설계 방법을 살펴보고자 한다. 언택트 기획자의 언택트 경험 기획은 '목표 결과 구체화, 언택트 유형 결정, 경험 내용 결정, 활동 및 도구 결정, 시나리오 플래닝'의 프로세스로 진행된다. 하나씩 살펴보자.

## 목표 결과 구체화(Destination)

이 단계에서 해야 할 일은 두 가지다. 언택트 러닝의 목표 즉, 과정 이후 학습자에게 기대되는 실제 변화가 무엇인지를 정의하는 것과 성공의 결과의 증거를 구체화하는 것이다.

첫째, KSA 관점으로 과정 이후 학습자의 실제 변화를 정의한다. 어떤 지식(Knowledge)을 획득해야 할지, 꼭 익혀야 할 기술(Skill)은 무엇인지, 변화가 일어나야 하는 태도(Attitude)는 무엇인지를 정리하는 것이다. 특히 태도는 변화에 필요한 실질적인 변화에 입각해야 한다.

둘째, 성공적인 결과에 대한 증거 구체화는 학습자의 목표 달성을 위한 기준이 될 수 있도록 해야 한다. 정량적으로 확인할 수 있으면 가장 좋고, 최대한 구체적이고 실천적인 관점으로 작성하는 게 좋다. 예를 들어, 조직 활성화를 통해 '팀원들과의 소통을 강화한다'라는 목표는 확인할 방법이 없으므로 교육 이후 '참석자들이 팀 전원과 한 번 이상 대화하고 팀원들끼리 업무와 관심사, 커리어 비전을 적을 수 있을 정도로 공유한다'라는 목표를 정하는 게 좋다. 이후 학습 경험을 설계할 때 구체적인 아이디어와 방안을 도출할 수 있을 것이다.

### 언택트 유형 결정(Evaluation of type)

언택트 러닝은 크게 실시간과 비실시간으로 나눌 수 있다. 실시간은 흔히 줌을 활용하여 참여자가 같은 시간에 접속하여 상호 작용하는 리얼 타임 러닝이고, 비실시간은 사전 녹화나 영상 제작 플랫폼에 업로드해 참여자를 불러들이는 방식이다. 실시간은 교수자와 참석자 또는 참석자 간의 상호 작용이 가능해 참석자의 수준과 반응에 따라 진행 방식을 조율할 수 있다는 장점이 있다. 또한 나 이외의 타 참석자가 존재하기 때문에 조금 더 집중하는 경향이 있다. 반면, 비실시간은 시간과 장소에 구애 받지 않고 개인이 가능한 때에 수강할 수 있다는 장점이 있다. 그러나 구속력이 전혀 없기 때문에 학습 동기가 낮은 참석자라면 집중이 어려울 수 있다. 다음 표를 참고해 가장 적합한 언택트 러닝 유형을 결정하자.

실시간과 비실시간 교육의 유형별 특징

| 구분 | 유형 | 정의 |
|---|---|---|
| 실시간 | 웹캐스트 | · 비교적 낮은 상호 작용과 다수의 참여 인원으로 구성된다.<br>· 지식 전달을 목적으로 하는 프레젠테이션 형태의 교육에 적합하다. |
| | 웨비나 | · 중간 수준의 상호 작용과 중간 정도의 참여 인원으로 구성된다.<br>· 전문가의 주제 발표와 학습자와의 질의응답 형태로 진행되는 교육에 적합하다. |
| | 버추얼 클래스 | · 높은 상호 작용과 소수 참여 인원으로 구성된다.<br>· 교수자와 학습자, 학습자 간의 지속적인 의견 교류 및 참여 활동이 필요한 교육에 적합하다. |
| 비실시간 | 마이크로 러닝 | · 짧은 콘텐츠를 활용하여 사람들이 언제, 어디서나 빈번하게 접속이 가능하다.<br>· 동영상, 이미지, 텍스트, 퀴즈, 이메일 등이 모두 포함된다.<br>· 다른 형태의 교육과 블렌디드로 교육에 주로 활용된다. |
| | 매크로 러닝 | 흔히 이러닝이라고 불리는 영상 형태의 강의를 의미한다. |

### 경험 내용 결정(Particular contents)

학습자에게 어떤 언택트 경험이 필요할지를 결정하는 단계다. 어떤 학습 경험을 설계할 것인지에 대한 기준은 가장 먼저 세웠던 목표 결과 구체화에서 출발한다. 단지 신기하고 새로운 경험을 제공하는 것이 아니라, 어떤 언택트 경험이 초기에 수립한 구체적인 학습 결과를 충족할 수 있을지를 기준으로 결정해야 한다는 의미다.

제공할 수 있는 학습 경험은 크게 '새로운 지식이나 사실을 이해하기, 직접 체험하기, 자신을 성찰하기'로 나눌 수 있다. 새로운 지식이나 사실을 이해시키기 위해서는 일반적으로 강의 방식이 효율적이다. 그리고 직접 체험은 스스로 깨달을 수 있는 상황을 설정해 주면 좋다. 예를 들어 강점을 개발하거나 약점을 보완하는 것 중 무엇이 더 필요할지에 대한 체험 경험을 설계하고 싶다면 포스트잇 두 장에 오른손과 왼손으로 각각 이름을 써 보게 한 뒤 그 차이를 경험으로 느끼게 하는 것이다. 당연히 많이 쓰는 손(주로 오른손)으로 쓴 글씨가 예쁠 것이므로 오른손으로 쓰는 것은 강점으로 활용하는 것, 왼손으로 잘 쓰기 위해 노력하는 것은 약점을 관리하는 차원이라고 설명하면 체험을 통한 깨달음이 된다. 체험의 힘은 세다.

마지막으로 자신을 성찰하게 하는 것은 직접 쓰고 다른 이들과 이야기하게 하는 방식이다. 언택트의 경우 패들릿과 같은 온라인 그룹 토의 도구들이 많이 있어서 활용하면 좋다.

또한 언택트 러닝 전후에 대한 경험 설계도 중요하다. 예를 들어 언택트 러닝 전에 참석자들에게 보내는 교재나 간식, 스트레칭 용품 등은 언택트 상황에서 현장감을 향상시킬 수 있는 좋은 방안이 될 수 있기에 다양하고 창의적인 접근 방식이 필요하다.

이 내용에 대해서는 Part 6에서 구체적으로 다룰 예정이다.

### 활동 및 도구 결정(Activity & Tool)

언택트 러닝이 힘들다면 오프라인에서 사용하는 다양한 방식을 언택트 라이브 협업 도구와 플랫폼을 통해 사용하면 된다. 줌으로 화상 회의만 해도 채팅, 주석 달기, 투표하기, 손들기, 화이트보드 등의 다양한 기능이 있다. 구글 독스 문서 플랫폼, 패들릿, 알로, 잼보드 등의 언택트 라이브 협업 도구를 각각의 특성에 맞게 활용하면 언택트만의 참신한 경험을 제공할 수 있다. 또한 메타버스도 언택트의 새로운 강자로 떠오르고 있다. 입체감과 확장성을 가진 훌륭한 플랫폼이므로 활용할 수 있으면 좋다. 언택트 라이브 협업 도구에 대한 내용은 Part 5에서, 메타버스 플랫폼에 대한 내용은 Part 6~7에서 자세히 다루기로 한다.

### 시나리오 플래닝(Scenario Planning)

언택트 경험을 설계한 내용이 실제 현장에서 학습자에게 어떤 경험으로 다가올지를 예측해 보는 단계다. 의외로 IT 기기나 네트워크 접속 때문에 어려움이 생기는 경우가 많으며, 시나리오를 점검하면서 필요하다면 참석자에게 사전 테스트를 추가하거나 예상 시나리오 대안 플랜 B를 세우는 게 중요하다. 특히 보안이 엄격한 기업의 경우에는 참석자들이 워크숍 당일 접속하는 장소에서 줌이나 언택트 라이브 협업 도구 사이트에 접속하는 데에 문제는 없는지 반드시 사전 테스트를 해야 한다. 만약 메타버스 플랫폼을 이용할 계획인데 네트워크 접속이 불안정하다면 비상시에 줌으로 바로 전환할 수 있도록 해야 한다. 또한 문제 상황 시나리오뿐 아니라, 참석자가 어떻게 수용할지에 대한 고민도 해야 한다. 다음 질문을 활용하자.

- 참여 중에 집중이 어려운 부분은 없는가? 너무 쉽거나 너무 어려운 것도 이유가 될 수 있다.
- 활동을 위한 가이드는 구체적이고 명확한가?
- 전체 토의실과 소그룹 방을 오갈 때 공유된 가이드가 사라지지는 않는가?
- 참석자들이 세션별로 어떤 결과물을 남기고, 어떤 방식으로 확인할 수 있는가?
- 참석자에게 전해져야 할 핵심 메시지는 무엇이며, 메시지가 전해지도록 촘촘히 설계되었는가?

DEPSA 프로세스 체크리스트

| 단계 | 주제 | 질문 |
|---|---|---|
| 목표 결과 구체화 | 학습 목표 | 학습자는 최종적으로 어떤 학습 결과를 보여줄 것인가? |
| | 학습 증거 설정 | 성공적인 학습 결과를 보여주는 증거는 무엇인가? |
| 언택트 유형 결정 | 실시간·비실시간 | 실시간과 비실시간 교육 중 무엇이 더 적합한가? |
| | 교육 유형 결정 | 가장 효과적인 교육 유형은 무엇은 무엇인가? |
| 경험 내용 결정 | 학습 경험 종류 | 이해, 체험, 성찰의 학습 경험을 어떻게 활용할 것인가? |
| | 전후 학습 경험 | 교육 전후에 제공할 수 있는 학습 경험은 무엇이 있는가? |
| 활동 및 도구 결정 | 학습 활동 | 언택트에서 줄 수 있는 특별한 학습 경험은 무엇인가? |
| | 온라인 학습 도구 | 어떤 온라인 도구가 가장 적합하고 효과적인가? |
| | 학습 플랫폼 | 어떤 플랫폼이 가장 적합하고 효과적인가? |
| 시나리오 플래닝 | 위기 상황 플랜B | 위기 상황에 대응할 수 있는 플랜 B는 무엇이 있는가? |
| | 학습자 수용 경험 | 학습자 관점에서 어떻게 받아들여질 것인가? |

## 세 가지 MOI를 기획하라

조직행동론 전문가인 칩 히스와 댄 히스는 저서《순간의 힘》에서는 특별함을 주는 결정적 순간의 특성을 분석했다. 그리고 인간은 특정 경험을 평가할 때 경험이 지속되는 시간이 아니라, 최고·최악의 순간인 절정(Peak)과 마지막 순간(End)만을 기준으로 한다고 했다. 이를 심리학 용어로 '절정-대미 법칙(Peak-end rule)'이라고 한다. 예를 들어 디즈니랜드에 놀러갔을 때 여러 경험을 10점 만점으로 점수를 매긴다면, 정신없이 출발(6점), 재미없는 놀이기구(5점), 롤러코스터의 신나는 기분(10점), 비싼 음식(7점), 땡볕 아래서의 오랜 기다림(3점), 나오기 전 구매한 미키 마우스 모자가 아이들에게 잘 어울림(8점)이라고 했을 때 오늘 하루의 만족도는 몇 점일까? 평균을 계산해 보면 6.5점이겠지만 학자들은 가장 좋았던 롤러코스터를 탔을 때의 기분인 10점과 마지막 경험인 미키 마우스 모자를 산 경험인 8점이 떠올라 종합적으로 9점을 매길 것이라고 했다.

이에 나는 선명히 남는 특별한 순간을 'MOI(Moments of Impact)'라고 정의한다. 그리고 언택트 상황에도 MOI가 존재하고 성공적인 언택트 러닝을 위해서는 다음 세 가지 MOI를 기획하고 관리해야 한다고 생각한다. 바로 '상징적 경험, 긍정적 경험, 특별한 경험'이다.

첫 번째 MOI인 '상징적 경험'은 조직 문화의 관점에서 보더라도 조직별로 허용되는 행동의 경계가 있다. 인텔의 CEO였던 앤드루 그루브는 "강력한 조직 문화는 보이지 않는 손으로 기업의 운영 방식을 지도한다. '여기에서는 그렇게 하지 않는다'라는 말 한마디는 그 어떤 문서상의 규칙보다 강력한 힘을 가진다."라고 말했다. 조직의 구성원은 해야 할 행동, 하면 안 될 행동이 무엇인지를 직간접적인 경험을 통해 경계를 알게 된다.

언택트 상황도 마찬가지로 상징적인 경험과 경계를 인식하도록 만들 필요가 있다. 비자발적 인원을 참여하도록 만들 수 없고, 비자발적 인원은 자발적인 인원들의 학습 동기마저 저해하기에 더욱 더 그렇다.

그래서 나는 교육 과정이 진행되기 사흘 전에 참석자와 리더들에게 안내 메일을 보낸다. 부드럽지만 단호한 말투로 과정의 룰을 제시하는 것이다. 주요 내용은 '본 과정은 부분 참석이 없고, 모든 참석자가 카메라를 켜는 것이 기본 전제이며, 부득이한 경우 1회에 한해 30분 이내로 카메라를 끄고 급한 업무를 처리할 수 있으며 2회 이상 카메라를 끄고 과정을 중단하면 이후 과정에 참여하도록 권유할 수 있다. 또한 급한 업무로 모든 것이 어렵다면 사전에 메일을 줄 경우 참석자 명단을 조정하겠다'라는 내용이다. 메시지는 분명하다. 자발적인 학습자, 최소한의 참여 의지를 가진 인원만 과정에 참여하고, 그렇지 않다면 참석하지 않아도 된다는 것이다. 실제로 메일 발송 이후 10% 내외의 인원은 취소한다. 언택트 교육은 많은 인원이 참석하기보다 소수의 인원이라도 제대로 참석해 과정의 품질을 올리는 게 좋다. 잃는 것보다 얻는 게 많을 것이다.

두 번째 MOI는 '긍정적 경험'이다. 앞서 다루었던 감성적 실재감인 즐겁고 긍정적인 느낌의 경험을 제공하는 것이다. 액티비티를 포함하거나 조별로 '코로나 이후 가장 하고 싶은 일'에 대한 이야기를 나누게 하는 등 유발하는 요소는 반드시 있어야 한다. 니컬러스 크리스태키스와 제임스 파울러는 저서 《행복은 전염된다》에서 '지금 이 순간 나와 연결된 언택트 상황의 네트워킹에서는 한 사람의 정서가 다른 참여자에게 전달되고, 그렇게 연결된 네트워크 자체가 생명력을 가진다'라고 말했다. 언택트 상황에서도 오프라인 상황에서만큼 긍정적 경험이 중요하다는 의미다.

세 번째 MOI는 '특별한 경험'이다. 언택트 교육에서는 교수자와 기획자가 학습자를 초대하는 순간부터 과정 전반의 톨게이트를 관리하게 된다. 즉, 톨게이트를 지나는 이들에게 특별한 경험을 제공할 수 있다. 예를 들어, 교육 과정을 안내하는 순간에 깜짝 선물이나 정성과 배려가 가득한 이벤트로 해당 과정에서 지향하는 가치가 무엇인지 알려줄 수 있으며, 언택트 상황에서만 가능한 특별한 경험을 사전 설계해 선물 꾸러미처럼 풀어낼 수도 있다. 실제로 나는 교육 전에 참석자의 사전 과제 제출 자료와 강점 프로필, 간식을 참석자의 자택으로 발송하는 이벤트를 진행한다. 그리고 메타버스나 언택트 라이브 협업 도구를 적극적으로 활용해 경험해 보지 않은 참신한 경험을 제공하려 노력한다. 이러한 노력은 결국 참석자들에게 특별함으로 다가갔다.

참석자들의 기억에 선명하게 새겨지는 상징적 경험, 긍정적 경험, 특별한 경험을 기획하고 관리하라. 어쩌면 오프라인보다 더 특별하고 의미 있는 경험을 줄 수 있을 것이다.

## 미션 플레이 중심으로 설계하라

한때 방 탈출 카페가 유행한 적이 있다. 탐정이나 좀비, 귀신 콘셉트로 꾸며진 공간에서 퀴즈나 단서를 찾아 탈출하는 게임이다. 정해진 시간 내에 탈출하기 위해서는 난센스 문제를 풀고 구석에 숨겨진 열쇠를 찾아야 한다. 실제로 해 보면 시간이 어떻게 지나는지도 모르게 몰입이 되고 흥미롭다.

최근 언택트도 방 탈출 게임을 구현하는 시도가 있다. 메타버스나 언택트 라이브 협업 도구를 활용해 정답을 맞힐 수 있도록 단서를 제공하고 문제를 푼 사람만 다음 단계로 넘어가는 식이다. 지루할 수 있는 교육에 밈(meme)을 첨부할 수도 있다. 최근 한 블로그에서 문학 수업에 언택트 방 탈출 게임을 활용한 사례를 보았다. 탐정이 되어 《구운몽》에서 성진이 쫓겨난 이유를 찾거나 고려 시대의 문인 정지상이 쓴 한시 〈송인〉에 대한 설명을 찾아 시험을 방해하는 시간 도둑을 잡는 스토리로 지금껏 푼 문제의 답을 합한 비밀번호를 입력해 다음 단계로 넘어가는 방식이었다. 페이지마다 들어가 있는 B급 감성의 밈도 웃음을 유발했다. 그리고 이 방 탈출 수업에 참석한 이들의 반응은 아주 뜨거웠다. 흥미롭게 공부할 수 있었다는 피드백이 많았고, 이 게임을 만든 교사는 13년간 수업하며 가장 큰 호응을 받아보았다고 밝혔다.

아이가 목적지로 가기 위해 걷기를 배우고, 의사소통을 위해 언어를 배우는 것처럼 목표를 추구하는 것은 인간의 자연스러운 학습 방식이다. 미션이나 목표가 주어질 때, 사람은 적극적으로 참여하고 학습의 목적이 구체화된다.

미션 중심의 접근 방식은 언택트 상황에서 필요성이 높아지는데, 이때 가장 효과적인 방법은 '미션 중심 시나리오 방법론'이다. 미션 중심 시나리오 방법론은 학습자가 해결해야 할 과제와 목표를 시나리오 형태로 제공하고, 학습자가 그 시나리오 안에서 과제를 해결해 가며 학습 목표를 달성하도록 유도하는 구성주의적 학습 환경 설계 모형으로, PC 기반의 학습 환경에 적합하다. 언택트 과정에 접목시키기에 최적의 방법이라 할 수 있다. 미션 플레이 설계는 다음과 같은 프로세스로 진행된다.

1) 학습 목표 설정
2) 미션 설정
3) 커버 스토리와 역할 개발
4) 시나리오 운영 설계
5) 학습 자원 개발
6) 피드백 제공(디프리핑 및 랩 업)

미션 플레이에서 가장 중요한 것은 미션과 학습 목표에 연계성이 있어야 한다는 것이다. 미션이라고 해서 게임을 설계하는 데만 집중할 게 아니라 미션과 학습 목표 간에 긴밀한 관련성을 확보해야 한다. 또한 커버 스토리는 위의 사례에서 보았을 때 시간 도둑과 같은 콘셉트 스토리를 입히는 과정을 말한다. 필수는 아니지만 적절하게 구성하면 미션을 이해하고 흥미를 높일 수 있다.

## 참여를 통해 결과물을 남기도록 설계하라

인간에게는 군중 뒤에 숨고자 하는 욕구가 있다. 이 욕구는 언택트 상황에서 더 커지는데, 카메라를 끄고 더 편한 상태를 추구하는 모습이 이에 해당한다. 인간은 편하게 앉아 있으면 눕고 싶어지고, 참여하지 않다 보면 그냥 하고 싶지 않아 하는 관성이 있다. 그러나 반대로 참여하다 보면 더 적극적으로 참여하고 싶은 것도 인간의 관성이다.

적극적인 참여를 유도하는 방법의 하나가 언택트 공간에 개인 공간을 만들어 주는 것이다. 개인 공간에 진행 과정을 기록하게 하자. 결과물에 책임감을 느끼며 과정에 몰입할 것이다. 여기에 교수자와 기획자 입장에서는 참석자의 결과물을 확인할 수 있으니 일석이조다. 일부는 피곤한 과정이라 여기기도 하지만 결과적으로는 학습자 자신에게 도움이 되는 과정임을 깨달을 것이다.

나는 과정 전반을 누적하는 공간을 '학습 여정 노트'라고 명명하는데, 이러한 공간은 처음부터 제공하는 게 좋다. 자기소개부터 모듈별 각성 내용을 누적하고 스스로 작성한 자료를 보며 과정의 흐름을 이어가게 하는 것이다. 방법은 타이핑도 좋고, 아날로그식으로 교재에 내용을 정리한 후 스마트폰으로 찍어서 올리게 하는 것도 좋다. 언택트 상황이지만 오프라인 감성이 더해져 학습자 입장에서는 다양한 경험을 할 수 있다.

학습 여정 노트로는 패들릿과 구글 프레젠테이션 툴을 추천한다. 아래는 패들릿을 이용해 자기소개부터 결과물까지를 기록한 학습 여정 노트다. 세로형의 개인 공간에 자기소개부터 학습의 마지막 결과물까지가 채워져 있다. 중요한 것은 결과물을 누적 기록하게 함으로써 적절한 긴장감과 몰입도를 높이는 것이다. 다른 학습자가 결과물을 확인할 수 있어 상호 작용도 가능하다.

패들릿을 사용한 학습자 결과물

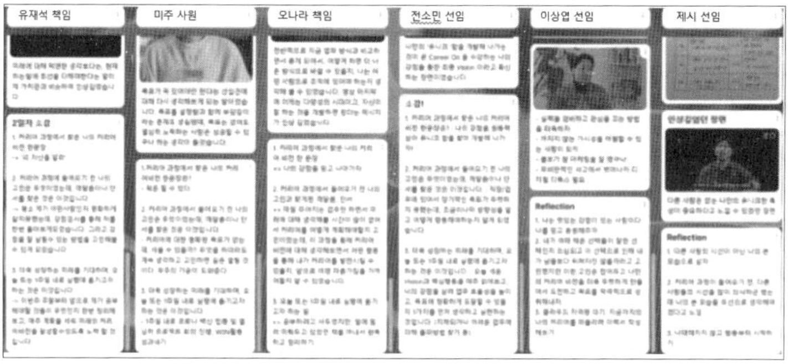

Metaverse

Part 4.

# 언택트라서 신기성을 주는 콘텐츠들

## 왜 온라인 수업을 처음 경험한 이들의 학습 동기가 높을까?

코로나 이후 언택트 교육과 학습 동기에 대한 연구가 활발하다. 학습 동기란 '학습자 스스로 주제나 과제를 선택하고 선택한 과제를 수행하기 위해 지속적으로 노력하는 힘'을 말하며, 언택트 학습의 성공을 예측하는 중요한 요인이다. 또한, 학습 동기를 구성하는 요소는 자발성, 자기 효능감, 과제 수행이다. 학습 성취도뿐 아니라 교육 만족도에 직접적인 영향을 끼치므로 학습 동기를 높일 수 있다면 언택트 교육은 이미 성공한 것과 다름없다.

최근 학습 동기와 관련된 연구를 발견했다. 언택트 교육에 대한 경험 여부가 학습 동기에 유의미한 차이를 만드는지에 대한 연구로, 실험 방법은 코로나로 전면 언택트 교육이 진행되기 전에 인터넷 강의를 포함한 모든 형태의 언택트 학습 경험이 있는 그룹과 경험이 없는 그룹을 비교 분석하는 것이다. 결과는 흥미로웠다. 언택트 경험이 없는 집단의 학습 동기가 더 높게 나온 것이다. 특히 내재적 동기가 높았다. 보상이 외재적 동기라면 내재적 동기는 학습과 과제 수행 그 자체에 의미를 부여하고 몰입하는 것이다.

그렇다면 왜 언택트 경험이 없는 집단이 언택트 학습에서 더 효과를 내는 것일까? 그건 언택트 환경에 대한 신기성(Novelty)을 느끼기 때문이다. 신기성이란 '개인이 특정한 상황에 직면했을 때 이전 경험했던 것과 새로운 현재의 경험 사이의 차이로 유발되는 심리 상태'로 새로움, 다름, 진귀함과 같은 흥미를 유발하는 특성이다. 학습자는 새로운 콘텐츠나 기술을 경험할 때 학습에 대한 동기와 흥미가 향상된다. 코로나라는 외부적 요인에 의해서 언택트 학습에 참여하게 되었음에도 불구하고, 이전에 경험하지 못한 언택트 학습이라는 새로운 환경에 대해 신선함을 느끼고, 보다 적극적으로 과제에 몰입하는 것이다. 그리고 언택트 학습 경험이 있는 학생의 언택트 학습 효율도가 상대적으로 낮은 이유는 이미 학습의 진행 방식을 '알고 있다고 생각하기' 때문이다.

이 연구의 시사점은 간단하다. 언택트에 참여한 학습자에게 새로운 경험, 의외의 경험을 제공할 방법을 끊임없이 찾아야 한다는 것이다. 이를 통해 신기성을 느끼고 학습에 몰입할 수 있도록 해야 한다.

## 언제 어디에서나 쓸 수 있는 마이크로 러닝 콘텐츠

시사 주간지 〈타임〉의 2015년 '당신의 주의력 지속 시간은 금붕어보다 짧다'라는 기사에 따르면, 금붕어는 9초간 기억을 지속할 수 있는 반면, 인간은 8초가 지나면 집중했던 사물에 대한 흥미를 잃는 경우가 많다고 한다. 또한, MS 사는 캐나다 연구원 2,000명을 설문조사하고 112명의 뇌파도를 측정한 결과, 모바일이 확산되기 전인 2000년에는 인간의 평균 집중 시간이 12초였던 반면, 모바일이 일상화한 2015년에는 8초로 떨어졌다는 걸 발견했다. 이는 어린 시절부터 자유자재로 스마트폰과 PC 등 디지털기기를 사용하는 디지털 네이티브일수록 분명하게 드러날 것이다. 또한, 요즘에는 유튜브뿐 아니라 틱톡과 같은 숏 폼 콘텐츠를 즐기는 사람이 많고, 원하는 정보를 바로 검색하고, 필요한 부분만 단기간 획득하고 종료하는 사용 패턴도 늘었다. 이런 방식의 집중도와 사고 패턴으로 조명받는 콘텐츠가 있다. 바로 '마이크로 러닝 콘텐츠'다.

전통적인 교육은 장시간 고비용이 들고, 빠르게 변하는 업무 환경 속도에 맞춰 콘텐츠를 생산하기에는 한계가 있었다. 그러나 급변하는 경영 환경에 필요한 역량이 다양해지며 모바일은 콘텐츠 접근 채널로 자리 잡았고, 콘텐츠의 길이는 짧아졌으며, 필요한 시점에 바로 확인하고 학습이 가능한 콘텐츠의 형태는 더욱 중요해졌다. 마이크로 러닝 콘텐츠란 말 그대로 '작게 쪼개진 콘텐츠', '한 입 크기의 콘텐츠'를 말하며 보통 5~7분 정도의 영상이나 카드 뉴스, 오디오, 텍스트가 여기에 해당한다. '1 콘셉트(Concept)-1 행동(Behavior)-1 결과(Outcome)'의 관점을 지닌다.

많은 사람이 마이크로 러닝 콘텐츠라고 하면 영상을 떠올리며, 본인에게는 제작 역량이 부족하다는 점을 토로한다. 그러나 때로는 영상보다 이미지나 텍스트, 팟캐스트 형식의 오디오가 더 도움이 되는 경우가 많다. 마이크로 러닝 콘텐츠를 만든다는 관점보다 '어떻게 하면 학습자에게 도움이 되고, 새로운 학습 경험을 제공할 수 있을지'를 고민하는 게 좋다. 내가 쉽게 제작할 수 있고, 학습자 입장에서는 어디에서나 편하게 사용할 수 있는 콘텐츠를 제공하는 나만의 방법을 찾아야 한다.

이미지와 텍스트의 조합으로 만드는 카드 뉴스 제작 툴에는 '미리캔버스, 캔바, 망고보드' 등이 있다. 카드 뉴스와 유튜브, PPT 자료 제작을 위한 포스터와 섬네일, 인포그래픽, 배너, 템플릿 등을 제공하며 텍스트나 이미지만 교체하면 수준 높은 콘텐츠 제작이 가능하다.

### 미리캔버스(https://www.miricanvas.com/)

무료로 사용이 가능한 디자인 편집 툴이다. 자작권 걱정 없이 사용할 수 있으며 사용에 제한이 없다. PPT 레이아웃 기능이 뛰어나고 모바일에서 편집이 가능하다.

### 캔바(https://www.canva.com/)

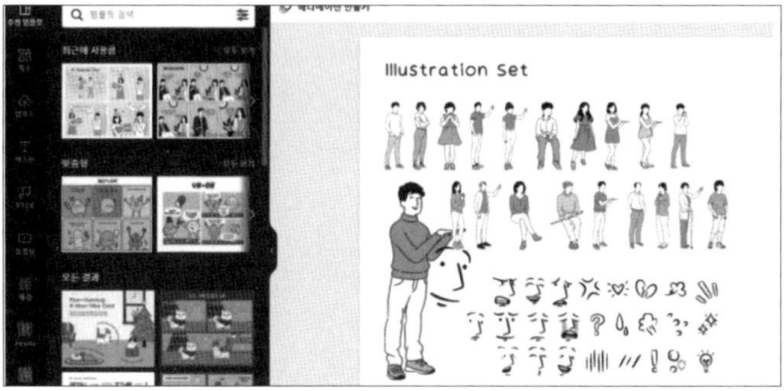


PC와 모바일 호환이 가능한 편집 툴이다. 팀 공간 만들기 기능을 통해 효율적인 협업이 가능하며, 모바일 앱으로 작업이 가능하다는 게 장점이다. 무료 버전과 유료 버전이 있으며, 외국 플랫폼이라 한글 폰트가 적다는 건 아쉽다.

망고보드(https://www.mangoboard.net/)

유료지만 퀄리티가 높고 이미지와 동영상 템플릿을 보유한 편집 툴이다. 동영상 템플릿이나 다양한 차트, 지도를 이용할 수 있으며 용도별 템플릿을 제공한다. PC에서만 작업이 가능하다는 점은 아쉽다.

## 언택트 사전과 사후는 몰입도를 높이는 최적의 타이밍

최근 기업이나 학교에서 적용하는 학습 방법론 중 하나가 '플립 러닝'이다. 거꾸로 학습이라고도 하며, 전통적인 교육 방식을 뒤집은 방법론으로 볼 수 있다. 플립 러닝에 대한 사이먼 베이츠 교수와 로즈 갤러웨이 박사의 정의에 따르면 '플립 러닝이란 교육 전에 학습자가 스스로 학습할 수 있는 자료를 미리 제공하고, 교육 현장에서는 학습자가 해결하지 못한 문제를 함께 풀거나 심화된 내용을 동료 학습자와 토론하는 방식'을 뜻한다. 여기에서 중요한 것은 단순히 교육 방식을 바꾸었다는 점이 아니라, 학습 내용을 접하는 시점을 교육 이전으로 끌어당겼다는 점이다. 교육 전에 학습자들이 학습 내용을 접하고 미리 준비해서 교육 현장에 왔을 때, 더욱 효과적인 학습이 가능하고 상호 토론을 통해 심도 있는 학습이 가능하기 때문이다.

유사한 사례로는 교육 과정 직후에 교육 내용과 연관되는 마이크로 러닝으로 학습 자료를 제공하거나, 네이버 밴드를 이용해 소셜 러닝의 기회를 제공하는 것이다. 교육 몇 달 후에 과정 리마인드 메일을 발송하는 서비스도 있다. 교육이 단순히 진행된 현장에서 듣고 끝나는 게 아니라 교육이 실제 변화에 기여할 수 있도록 돕기 위한 시도다.

언택트 교육에 있어 사전과 사후는 교육의 효과성을 향상시키는 최적의 시간이다. 언택트 교육에 의지나 학습 준비가 없는 상태로 참여한다면 효율성은 낮을 수밖에 없다. 낮은 참여 의지를

전통적인 교육 프로세스 VS 플립 러닝 교육 프로세스

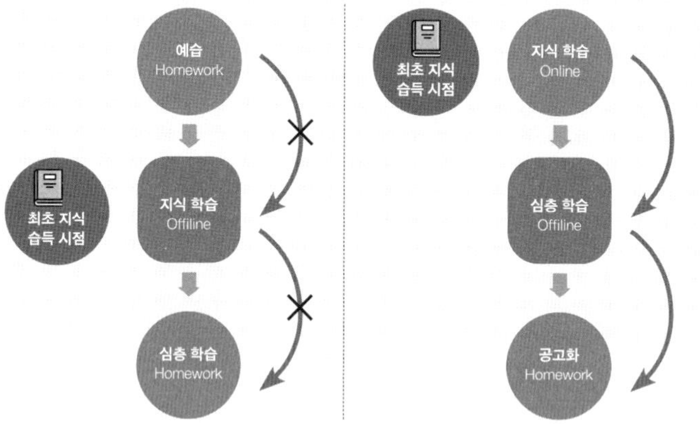


보이는 학습자에게 급한 업무와 연락, 인터넷 서핑은 굉장한 유혹이다. 잠깐 한눈판 사이에 흐름을 놓치면 결국 교육 전반이 과정에 집중하지 못하는 악순환에 빠져들 것이다. 또한, 접속을 위한 준비와 접속 사이트에 대한 이해가 없는 상태에서 교육을 따라가기란 불가능에 가까우며 학습을 포기하는 상황을 만들기도 한다. 언택트 교육 이전과 이후를 철저하게 준비하는 것은 교육을 성공적으로 이끄는 첫 번째 디딤돌이자 필수 조건인 것이다. 그렇다면 교육 시작 전후에 준비할 수 있는 것은 무엇이 있을까?

## 언택트를 온택트로 바꾸는 사전 딜리버리

나는 오프라인 교육을 진행하는 날 아침을 좋아한다. 새로운 교육장으로 향하는 낯선 느낌도 좋지만 오늘의 교육을 기대하는 마음에 설렌다. 그러나 언택트 교육은 사전 준비 시간을 갖기가 어렵다. 대부분 재택근무 형태로 접속하기 때문에 교육 직전에 급하게 자리에 앉거나 사무실에서 일하다가 접속해 교육 내내 분주하다. 즉, 언택트 환경에서는 업무와 일상의 분리가 어렵다. 그래서 언택트 교육에는 '사전 준비' 시간을 따로 내는 게 중요하다. 내가 참석자의 집중도 강화를 위해 사전 교육에 사용하는 방법은 세 가지다.

첫째는 과제를 미리 받아 개인별 교재를 자택으로 발송하는 것이다. 사전 과제를 불성실하게 작성하는 경우도 있지만, 진행할 과정에 대해 미리 생각할 시간을 준다는 부분에서는 의미가 있다. "교육 참여도 바쁜데 사전 과제까지 제출하라고 해서 처음에는 불편했다. 그러나 과정을 진행하며 왜 과제를 요청했는지 깨달았다."라는 게 많은 참가자의 피드백이다. 노하우는 개별 사전 과제로 개인화된 교재를 발송하는 것이다. 물론 나에게는 시간과 노력이 많이 드는 작업이고, 모든 교육 과정에 적용할 필요는 없지만 과정 취지상 필요한 경우에는 진행하고 있다.

내가 작성한 내용을 바탕으로 한 나만의 교재, 나의 강점이 작성된 자료를 받았을 때 학습자의 태도는 어떠할까? 적어도 교육 당일 부랴부랴 노트북을 켜고 교육에 접속하지는 않을 것이다.

둘째는 간식 딜리버리다. 나는 오프라인 교육의 장점 중 하나가 정성이 깃든 간식이라고 생각한다. 처음 교육 담당자로 일할 때, 팀장님이 간식을 가지런히 정리하라고 지시한 게 생각난다. 간식 하나에서 교육 담당자의 정성과 각오를 볼 수 있다는 게 팀장님의 말씀이셨다. 그래서 나는 언택트 교육에서도 사전에 간식을 딜리버리해 교육 담당자로서의 마음가짐을 보여준다.

셋째는 사전 접속 테스트다. 보안에 민감한 기업에서의 교육의 경우 줌이나 패들릿 같은 외부 사이트 접속이 제한된 경우가 많다. 사전에 접속 환경을 체크하지 않으면 교육 당일 곤혹스러울 수 있다. 그래서 나는 사전에 참여자들과 30분 정도 시간을 내서 접속 테스트와 미팅을 진행하고 참가하지 못한 인원도 따로 시간을 내서 점검한다. 그래야 교육 당일 온전히 교육에만 집중할 수 있다.

### 머신 러닝 학습 추천 및 LXP 활용 학습 경험 개선

최근에는 교육 사전과 사후에 마이크로 러닝 콘텐츠를 제공할 뿐 아니라 머신 러닝 알고리즘을 기반으로 한 맞춤형 콘텐츠를 제공하는 경우도 늘었다. 적극적인 학습자들에게 학습의 기회를 넓혀 주고 교육 효과를 증대하기 위함이다. 그렇다면 학습 추천 시스템에는 어떠한 것이 있을까?

첫째는 외부의 오픈 서비스와 연계해 강화한 콘텐츠를 제공하는 형태다. 유튜브 콘텐츠나 인프런 콘텐츠를 연계해 사내 직원들에게 큐레이션 하는 것으로, 시간과 비용이 드는 자체 콘텐츠 제작의 비중을 낮추고, 외부의 오픈 콘텐츠를 활용해 효과를 높일 수 있다. 둘째는 교육 플랫폼을 전통적 LMS(Learning Management System)에서 LXP(Learning eXperience Platform)로 변화시키는 것이다. 교육 이력을 관리하고 등록하던 기존의 기능에서 확장해 학습자의 경험을 관리하고 우수한 학습 경험을 제공하는 취지다. 셋째는 머신 러닝과 연계한 AI 학습 추천 시스템이다. 학습자의 유사 학습 이력을 기반으로 추천하거나 검색 키워드 등을 알고리즘으로 분석하여 적합한 콘텐츠를 제공하는 방식이다. 넷째는 행동 기반의 맞춤형 학습 추천이다. 어도비 애널리스틱 프로그램 등을 활용해 학습을 유의미한 학습으로 전환할 수 있도록 한다.

## 언택트라서
## 특별한 활동이 있다

많은 사람이 언택트 교육은 오프라인 교육 진행이 어려울 때

어쩔 수 없이 하는 대체재로 생각한다. 심지어 오프닝에서 "만나서 교육하면 좋을 텐데 코로나로 어쩔 수 없이 언택트로 하게 되었네요. 비대면이라 집중하기 어려우시겠지만 조금만 참아 주세요."라고 말하는 사람도 있다. 학습자는 교육 기획자와 교수자의 말에 영향을 받는 법이다. '코로나로 어쩔 수 없다'라는 말에 해당 교육은 어쩔 수 없이 하는 부족한 온라인 교육이 되어 버리며, '비대면이라 집중하기 어려우시겠지만'이라는 말은 곧 집중이 안 되는 게 당연하고 집중하려고 노력하지 않아도 된다는 느낌을 준다.

그러나 언택트에서만 줄 수 있는 특별함도 있다. 나는 언택트 교육에서 내 소개를 할 때 패들릿 툴을 이용한다. 나에게 의미 있는 사진을 첨부해서 말이다. 이렇게 언택트에서는 다양한 툴로 사진과 일상, 관심사를 공유할 수 있다. 또한 메타버스를 통한 새로운 경험 또한 언택트에서만 제공할 수 있는 경험이다. 실제로 내 교육에는 "언택트 교육이라고 해서 기대 없이 왔는데, 오프라인보다 훨씬 새롭고, 다른 학습자들과 같이 있는 느낌이었다."라는 피드백이 많았다. 언택트 교육이 오프라인 교육보다 후순위의 교육이라는 인식이 아니라, 기획자가 새로운 방식의 교육과 경험을 제공할 수 있고 디지털 시대에 적합한 교육이라는 자신감과 마인드셋이 필요하다. 때로는 힘들지만 스스로 끊임없이 되물으며 언택트가 주는 특별함을 강조하자. 다음은 언택트에서만 제공할 수 있는 특별한 경험 사례들이다.

### 언택트의 특별함, 랜선 회식

언택트 교육에는 확실히 참석자 간의 교류 시간이 부족하다. 오프라인 교육에서는 쉬는 시간이나 점심시간에 참여자들끼리 대화하며 다양한 인터랙션이 가능하지만 언택트 교육에서는 쉬는 시간에 대부분 혼자다. 그래서 나는 이틀 이상의 장기 교육에서는 랜선 회식을 진행한다.

방법은 간단하다. 오프라인에서 함께 식사하듯, 화상 회의를 하며 각자 점심을 먹는 것이다. 그리고 이후에 조원들과 메뉴가 보이도록 단체 사진을 찍어 제출한다. 랜선 회식의 긍정적인 효과는 두 가지다. 첫째는 조원 간에 친밀감이 생기고 오프라인 상황에서와 유사한 동질감을 느낀다. 언택트 교육에 대한 인식과 기대가 선명해지고 몰입도를 높일 수 있으며, 교수자와 학습자, 학습자들 간에 공유하는 주제의 영역이 확장된다. 둘째는 교육에만 몰두하던 학습자가 주변 학습자와 교류하는 영역이 넓어지며 환기가 되고 조금 더 교육에 몰입할 에너지를 얻는 것이다. 실제로 이러한 이유로 교육 중간에 스트레칭이나 마음 챙김에 대한 세션을 포함하는 경우가 많아지고 있다.

언택트 교육은 피로도가 높고, 높은 피로도는 몰입을 방해하기 때문에 다양한 환기를 위한 다양한 방식이 필요하다. 스트레칭을 위해 학습자에게 요가 매트와 간식을 딜리버리하면 교육에 대한 학습자의 기대감이 높아지지 않을까?

### 자아 성찰 경험 제공

언택트 교육은 휘발성이 높다고들 한다. 집중하기 어려운 환경과 실물 교재가 없다는 점 때문에 교육이 끝나면 내용을 빠르게 잊어버리는 것이다. 학습한 내용을 현장에서 꾸준히 이어가기 위한 실천 계획 수립도 흐지부지되는 경우도 많다. 그러나 언택트 환경에서는 간접 경험 제공을 통해 어느 정도 효과를 볼 수 있다. 코로나로 해외여행을 가지 못해 랜선 여행을 가는 사람이 많아졌다. 베네치아, 런던, 파리 등의 유명 명소들의 현 상황을 유튜브로 시청하며 다른 여행객들과 다양한 언어로 인사를 나누면서 말이다. VR(Virtual Reality, 가상 현실) 디바이스를 이용해 직접 해당 장소를 걷는 듯한 느낌을 주는 프로그램을 사용할 수도 있고, 사각거리는 소리, 소곤거리는 말소리 등의 ASMR(Autonomous Sensory Meridian Response, 자율 감각 쾌락 반응) 기능을 활용해 심리적인 만족감과 쾌감을 느끼게 할 수도 있다.

나는 메타버스 플랫폼과 언택트 라이브 협업 도구를 활용해 자아 성찰을 시간을 제공한다. 교육 때 활용한 영상이나 교수자가 추천한 영상을 메타버스 플랫폼 곳곳에 심어 두어 영상 큐레이션 존을 만드는 것이다. 그러고 나서 '가장 인상 깊은 장면'을 캡처해 그 이유를 정리해 패들릿에 올리도록 한다.

영상 큐레이션 존

산책이나 명상할 수 있는 공간을 맵으로 만들어 영상을 제공하는 것도 좋다. 메타버스 플랫폼에 산책길 페이지를 만들어 '숲속 산책길, 파도 소리 길, 계곡 길, 바닷길, 캠핑 공간'의 영상을 링크하는 것이다. 자유롭게 이용하되 자아를 성찰할 수 있는 질문을 제공하고 그 답을 패들릿에 작성해 공유하도록 한다. 질문은 '본 과정을 통해 발견한 나의 모습, 교육에 참여하기 전에 나의 고민은 무엇이었으며, 교육을 통해 찾은 해결의 실마리는 무엇인가?'

등 일주일 안에 변화를 위해 실행하기 위한 것들이다.

메타버스에 구현한 산책길 맵

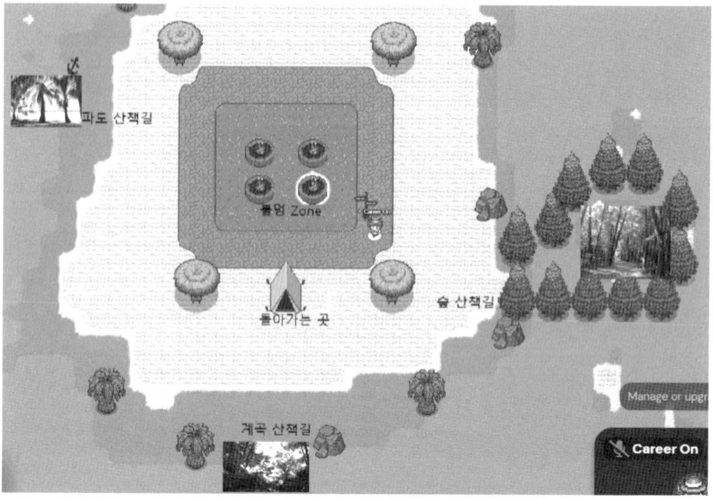


자아 성찰 영상

*출처: https://lxd.org

이 과정에서 중요한 것은 스스로 성찰할 주제를 분명히 하고, 기록할 수 있는 가이드 공간을 제공하는 것이다. 패들릿 같은 온라인 사이트를 활용해도 좋고, 각자 교재에 적은 뒤 사진으로 찍어서 공유해도 좋다. 반드시 성찰의 시간을 가진 뒤에 교수자나 다른 학습자가 볼 수 있도록 공유하자. 개인 정리와 공유의 균형을 잡아가면 몰입도를 높일 수 있다.

## 지루한 성희롱 예방 교육도 재미있을 수 있나요? AR 몰입 기술

2016년 7월, 우리나라에 출시되지 않은 AR(Augmented reality, 증강 현실) 게임 '포켓몬 고'를 강원 속초 지역에서 할 수 있다는 사실에 한바탕 난리가 났다. 속초는 포켓몬 고의 성지라 불리며 게임을 즐기려는 사용자가 몰렸고, 속초행 버스 티켓은 동이 났다. 이후 포켓몬 고 게임이 우리나라에 정식 출시되자 사용자 수는 일주일 만에 1,000만 명을 돌파했고, 포켓몬 고와 이코노미를 합한 '포케코노미', 포켓몬을 잡을 수 있는 스폿과 역세권을 합친 '포세권'과 같은 신조어가 등장했다. 이 포켓몬 고 게임은 AR 게임의 대표적인 사례다. AR이란 실제 현실 세계에 3차원의 가상 물체를 함께 보여주는 기술로, 쉽게 말해서 현실과 가상 환경을 융합하는 것이다.

AR 기술은 게임 외에 금융, 교육, 패션, 뷰티 등 다양한 분야에서 활용된다. 홈쇼핑 분야에서는 AR을 통해 옷을 직접 입어보지 않아도 어울리는 옷을 추천하며, 인테리어 분야에서는 가전제품이나 가구를 집에 배치해 볼 수 있는 솔루션을 제공한다. 실제로 이케아는 AR 카탈로그를 통해 자사의 제품이 배치된 집 안의 모습을 미리 볼 수 있게 한다.

이케아의 AR 카탈로그

AR 기술을 바탕으로 한 게임 포켓몬 고가 폭발적인 인기를 끌었던 이유는 VR 게임과 달리 별도의 기기를 구매할 필요가 없기 때문이다. 스마트폰만 있으면 생생한 포켓몬을 잡을 수 있어 접근성이 뛰어나다는 평이다.

우리나라에서는 기업 내 성희롱 예방 교육을 법정 필수 교육으로 지정하고 있다. 그러나 성희롱 예방 교육에 몰입하거나 교육 후 교육 내용을 기억하는 이는 거의 없다. 그냥 매년 한 시간 이상 수강하는 것 자체에 의미를 두는 게 현실이다. 이에 A 사는 AR 기술을 도입한 성희롱 예방 교육 프로그램을 만들었다. AR 기술을 활용해 실사례를 다양하게 보여주고 교육함으로써 지루할 틈 없이 학습할 수 있게 한 것이다. 구체적으로는 성희롱 예방 교육 화면이나 포스터를 AR 앱으로 비추면 교육 진행자가 나오고 화면 속의 퀴즈를 맞춰 다음 단계로 넘어가는 식이다. 그리고 AR 기술은 최근 중고등학교에서 흡연 예방 교육에도 사용된다. 강사의 손짓에 맞춰 집중해야 할 포인트에 3D 영상이 제공되는 것이다. 재미있고 집중도 높은 교육이 될 수 있다.

AR 기술을 활용한 흡연 예방 교육

VR 기술은 이 외에 다양한 교육 분야에서 에듀테크라는 이름으로 활성화되고 있다. 이에 맞춰 교육 일선에서는 VR 기술을 활용해 조금 더 몰입할 수 있는 환경을 만들 수 있어야 한다.

Part 5.

# 멀티모달을 통한 학습 실재감 제공

## SNS 사용만으로 교육의 몰입도와 만족도가 높아졌다고?

SNS는 타인과의 관계를 형성하고 그로 인해 생성된 정보와 지식을 공유하는 사회적 서비스를 의미한다. 개인의 삶을 공유하고 타인과 소통하는 게 주된 목적이었으나 지금은 개인적 차원의 지식 공유뿐 아니라 공동체의 지식 커뮤니티를 구성하고, 학습 공간이나 사회적 협업 향상 도구로의 가능성이 대두되고 있다. 특히 페이스북은 공지 알림, 학습 자료 공유, 의견 제시, 주차별 강의 자료 제공, 토론 기능이 있어 LMS로의 사용이 용이하다.

실제로 박혜진 박사와 유병민 교수는 〈SNS를 활용한 교육에서의 몰입도와 만족도 향상〉 논문에서 SNS를 교육에서 활용했을 때 학습자의 몰입과 학습 만족도에 긍정적인 영향을 끼친다고 밝혔으며, 이병현은 '페이스북을 교육에 사용하는 방법에 대한 연구'를 통해 페이스북과 같은 SNS를 교육에 활용하면 학습 정보와 과제, 팀원들의 활동 참여, 유연한 자료 제공 방식 등에서 흥미와 재미가 도출되며, 자발적인 참여를 통해 교육 전반의 학습 만족도가 향상된다는 걸 밝혔다. SNS라는 소통 채널이 생긴 것만으로도 교육의 질이 높아진다니 흥미롭지 않은가? 이는 다양한 소통 채널이 교육 효과성과 관계가 있다는 점을 시사한다.

## 언택트에서만 가능한 소통 채널이 있다

UX 서비스 디자이너들이 사용하는 용어 중에 '멀티모달 인터페이스(Multimodal interface)'라는 단어가 있다. 모달은 모달리티(modality)를 뜻하는 용어로 '인터랙션 과정에서 사용되는 커뮤니케이션 채널'을 의미한다. 쉽게 말해 PC에 무엇을 입력하고자 할 때 사용하는 키보드나 마우스, 안면 인식 등이 모달리티, 즉 소통을 위한 장치이다.

그렇다면 '멀티모달 인터페이스'는 무엇일까? 말 그대로 PC와 의사소통하기 위해 인간의 제스처와 시선, 손의 움직임, 행동 패턴, 음성, 물리적인 위치 등 인간의 자연스러운 행동에 대한 모든 정보를 해석하고 부호화하는 인지 기반 기술을 의미한다.

멀티모달 인터랙션 방식

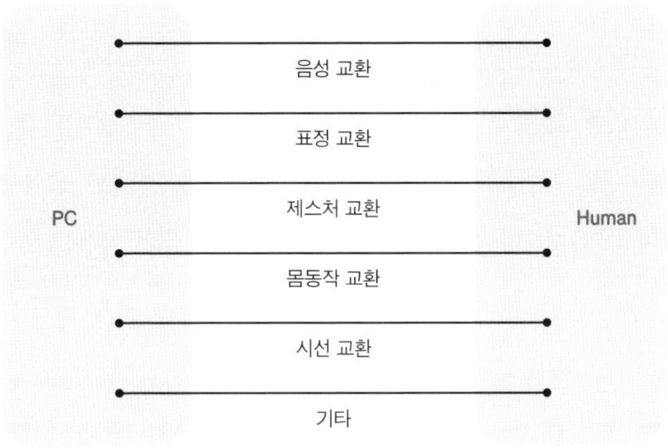


'멀티모달'이라는 개념을 접하며 나는 언택트 학습에도 멀티모달이 존재한다고 생각했다. 특수한 언택트 환경에서 모달리티라는 소통 채널을 멀티로 확장할 수 있다면 사회적 실재감을 높이고 학습자의 상호 작용을 촉진할 수 있으리라 생각한 것이다. 단순히 텍스트나 음성의 단일 소통 채널로 메시지를 전달하기보다 시각적, 청각적, 맥락적 정보를 멀티모달 소통 채널로 활용할 때 효과적인 언택트 러닝이 가능하리라 본다.

## 언택트 라이브
## 협업 도구 활용하기

스마트폰은 언택트 상황에서 매우 훌륭한 멀티모달 도구이다. 스마트폰의 채팅 기능은 내성적인 학습자도 적극적으로 소통하게 하며, 실시간 투표와 큐알 링크 접속 등은 언택트 교육에 적극적으로 활용된다. 오프라인 교육에서는 학습의 집중도를 위해 멀리해야 했던 스마트폰이 언택트 교육에서는 필수 도구가 된 것이다.

그러나 언택트 교육에서 활용할 수 있는 최적의 멀티모달 도구는 바로 '언택트 라이브 협업 도구'다. 대표적으로는 패들릿, 알로, 잼보드, 구글 프레젠테이션 등이 있다. 이러한 언택트 라이브 협업 도구가 언택트 교육에 효과적인 이유는 언택트의 공간감을 채워 주기 때문이다. 경험해 본 사람은 알겠지만, 언택트 교육에서의 공간감은 오프라인과 다르다. 언택트 상황에서는 혼자 있는 것 같고, 즉각적인 피드백을 받기가 어렵다. 간혹 생기는 적막감이 견디기 어려울 때도 있다. 이때 적막감을 채워 주는 것이 바로 언택트 라이브 협업 도구들이다. 실제로 학습자는 과제가 주어졌을 때 다른 학습자들이 언택트 라이브 협업 도구를 이용해 무언가를 작성하고 있는 모습을 보며 실재감과 생동감을 느낀다. 또한, 새로운 소통 경험을 제공하는 것도 언택트 라이브 협업 도구의 장점이다. 언택트 라이브 협업 도구를 사용하는 순간만큼은 만인이 평등하다. 과제가 주어지면 각자 또는 팀으로 과제를 해결하는데, 작업을 하고 있는 곳과 그렇지 않은 곳이 눈앞에 바로 드러난다. 그러면서 다양한 소통이 일어나고, 학습자들 간에 실재감이 강화된다. 나는 이런 의미에서 가장 효과적인 멀티모달은 언택트 라이브 협업 도구 사용을 통해 가능하다고 생각한다.

하지만 도구마다 특징이 있고, 인터페이스에 차이가 있으므로 각 도구의 활용법을 익힐 필요는 있다. 실제로 어떤 도구는 포스트잇 형식으로 의견을 쌓아가는 방식이고, 어떤 도구는 내장된 담벼락 형태의 템플릿을 활용해야 한다. 다음은 대표적인 언택트 라이브 협업 도구의 특징과 기능에 대한 설명이다.

### 패들릿

주로 담벼락에 참여자들이 메모지를 붙이는 방식으로 진행되며, 참석자들이 쉽고 편하게 접근할 수 있다. 댓글이나 좋아요, 하트 등의 피드백 기능이 있어 참여 상황을 직관적으로 확인할 수 있고, 모바일 사용도 가능하다. 담벼락, 선반, 캔버스, 타임라인, 지도 등의 템플릿을 이용할 수 있으며, 기능이 명확하고 구조화되어 있어서 기획자의 의도에 따라 활용하기 좋다.

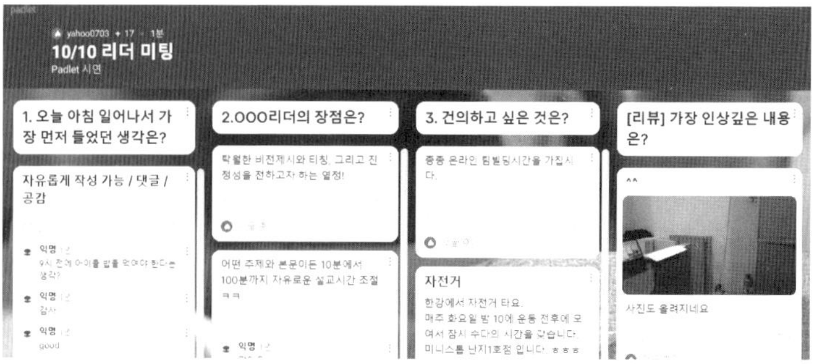


담벼락 형태의 패들릿

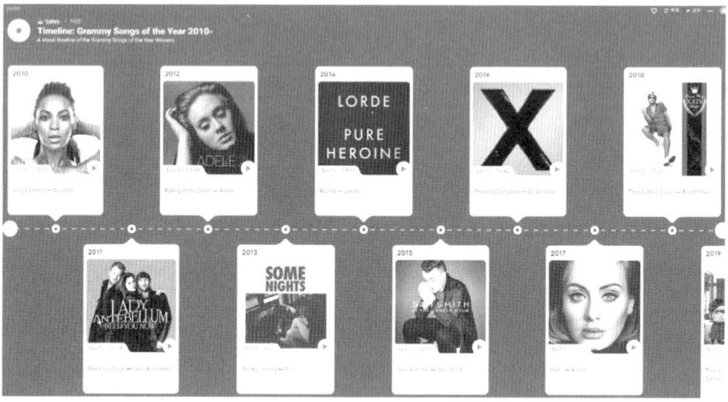


타임라인 형태의 패들릿

## 알로

파워포인트와 유사하게 페이지가 분할되어 있는 인터페이스 도구다. 텍스트를 포함하여 메모지, 스티커, 파일, 이미지, 영상을 추가해 내용을 직관적으로 구성할 수 있다. 실시간으로 커서의 위치를 확인하고, 활동을 기록할 수 있어 참여 현황을 파악할 수 있고, 개인별 작업 권한 지정과 화상 회의를 할 수 있어 다양한 방식의 비주얼 협업이 가능하다. 또한 PDF 파일 내려받기를 통해 자료를 저장하거나 참석자의 공유 문서함에서 기존에 진행한 내용을 확인할 수 있다.

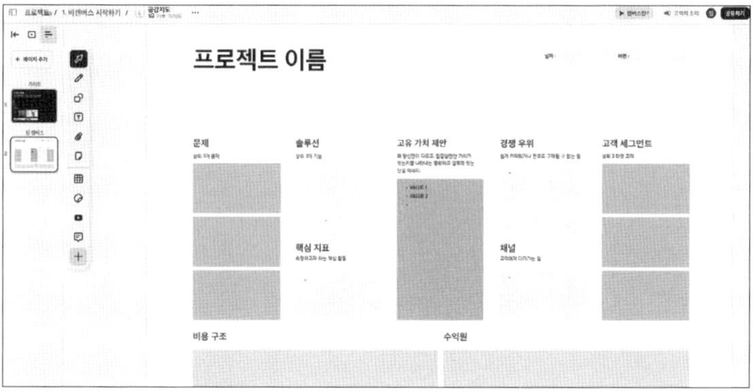

파워포인트 형태의 알로

### 뮤랄

세계적인 디자인 회사 아이디오와의 협업을 통해 유명해졌으며, 세계적으로 널리 활용되는 도구다. 타 도구들과의 차이점은 페이지 단위가 아니라 큰 보드 형태로 구성된다는 점이다. 프로그래밍 개발팀에서 주로 활용하는 형태로, 하나의 종이에 많은 자료를 기록하는 프로젝트에 특화한 도구다. 그러나 한글 사용에 제한이 있고, PDF는 다운로드가 어렵다는 단점이 있다.

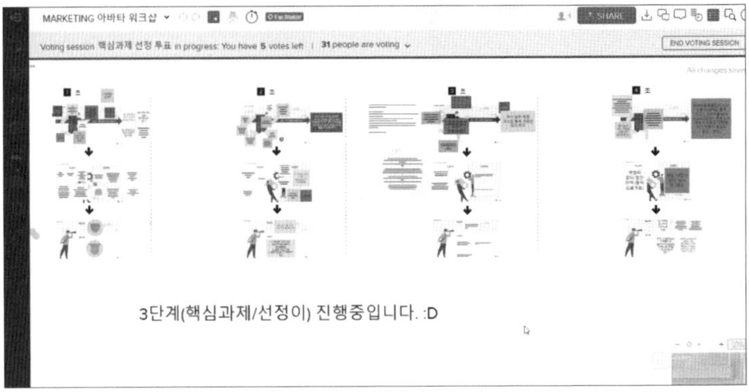


보드 형태의 뮤랄

## 잼보드

알로와 유사한 포맷의 비주얼 도구로 스티커, 그리기, 이미지 추가 등을 할 수 있다. 단, 알로보다 기능이 단순해서 의견 공유 정도로 사용하기에 적합하다.

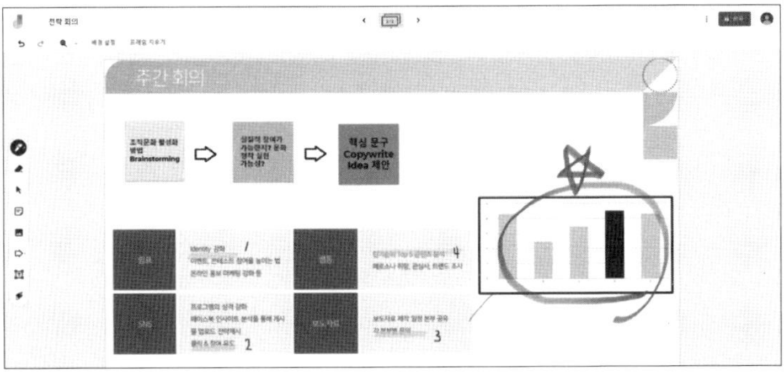


파워포인트 형태의 잼보드

## 구글 프레젠테이션

일반적으로 많이 사용하는 파워포인트와 유사한 형태다. 언택트 라이브 협업 도구 사용이 익숙하지 않은 사람도 편리하게 사용하는 편이다. 오프라인에서 활용하던 프레젠테이션용 파워포인트 파일을 활용해 개별 온라인 교재로 만들기에 효과적이다.

파워포인트 형태의 구글 프레젠테이션

## 언택트 라이브 협업 도구 적용 사례 7

### 패들릿으로 자기소개하기

**| 목적 |**

아이스 브레이킹 및 참석자 소개, 교육 과정에 대한 긍정적 인식을 제고한다.

**| 진행 방법 |**

1) 소개를 위한 질문을 선정한 뒤 참석자의 이해를 도울 자기소개 샘플을 작성한다. 질문 예시는 아래를 참고하자.

| |
|---|
| · 본인의 소속과 이름<br>· 코로나가 끝나면 하고 싶은 것<br>· 올해 안에 하고 싶은 것 세 가지<br>· 자신을 잘 나타내는 사진 |

2) 참석자들에게 5~10분 정도의 작성할 시간을 준다.
3) 조별로 작성한 내용을 바탕으로 인당 1~1.5분 정도의 소개할 시간을 준다. 가장 먼저 이야기를 시작할 사람을 지정해주는 것이 좋다. 생일이 빠른 사람부터, 회사에서 가장 멀리

사는 사람부터 시작하라고 안내한다.

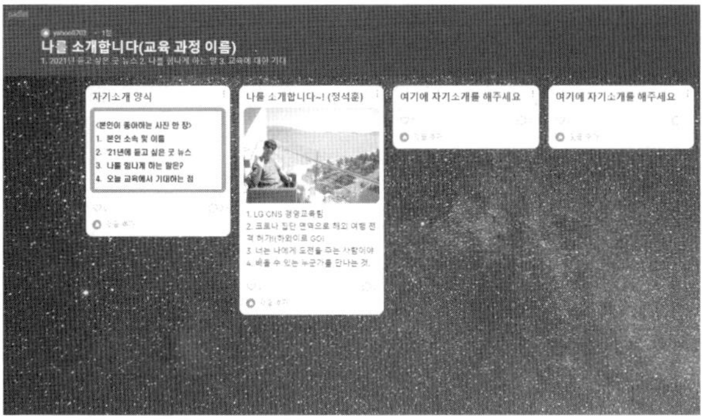


## 구글 프레젠테이션으로 자기소개하기

**| 목적 |**

아이스 브레이킹과 참석자 소개, 참여자들 간에 관심과 호기심을 갖게 한다.

**| 진행 방법 |**

1) 구글 프레젠테이션을 활용해 개별로 작성할 수 있는 샘플을 제작한다.
2) 참석자들에게 5~10분 정도의 작성할 시간을 준다.
3) 조별로 작성한 내용을 바탕으로 인당 1~1.5분 정도의 소개할 시간을 준다. 마찬가지로 처음 말할 사람을 지정해 준다.

4) 조별 모임 후 전체 회의실에 모여 자신의 조에서 가장 인상 깊은 사람에 대해 한 명씩 발표하도록 한다.

## 구글 프레젠테이션을 활용한 '나를 설명하기'

| **목적** |

팀 빌딩이나 협업을 위해 서로 어떤 상황에서 최고의 성과를 내거나 낮은 기량을 발휘하는지를 이해한다. 상호 지원이 필요한 상황을 이해하고 공유함으로써 효과적인 커뮤니케이션을 할 수 있게 한다.

| **진행 방법** |

1) 구글 프레젠테이션을 활용해 개별로 작성할 수 있는 샘플을 제작한다.
2) 참석자들에게 5~10분 정도의 작성할 시간을 준다.

3) 조별로 작성한 내용을 바탕으로 인당 1~1.5분 정도의 소개할 시간을 준다. 처음 말할 사람을 지정해 준다.

4) 조별 모임 후 전체 회의실에 모여 자신의 조에서 가장 인상 깊은 사람에 대해 한 명씩 발표하도록 한다.

5) 한두 명을 지정해 서로의 이야기를 들은 소감을 공유하게 한 뒤 취지를 설명하며 마무리한다.

**나 사용 설명서(Best of Me)** 이름

나는 이렬 때
최고의 기량을 발휘합니다

1.
2.
3.

나는 이럴 때
낮은 기량을 발휘합니다

1.
2.
3.

나는 팀에 이렇게
기여할 수 있습니다

1.
2.
3.

나는 장점을 이렇게
개발하겠습니다

1.
2.
3.

## 알로와 잼보드를 활용한 팀 DISC 소통 지도 그리기

### | 목적 |

팀 빌딩 및 협업을 위한 상호 소통 방식을 이해한다.

**| 진행 방법 |**

1) 알로나 잼보드를 활용해 DISC 소통 지도 샘플을 제작한다.
2) 앱이나 진단지를 이용해 개별 DISC를 진단한다(진단 사이트: http://disc.aiselftest.com/).
4) 소통 지도에 포스트잇 기능으로 이름을 부착하게 한다.
5) 가장 많은 유형과 가장 적은 유형의 분포도를 확인하고, 눈에 띄는 참석자를 호명해 이야기를 나누도록 유도한다. 가장 멀리 떨어진 참석자끼리, 가장 가까운 참석자끼리 이야기하게 해도 좋다.

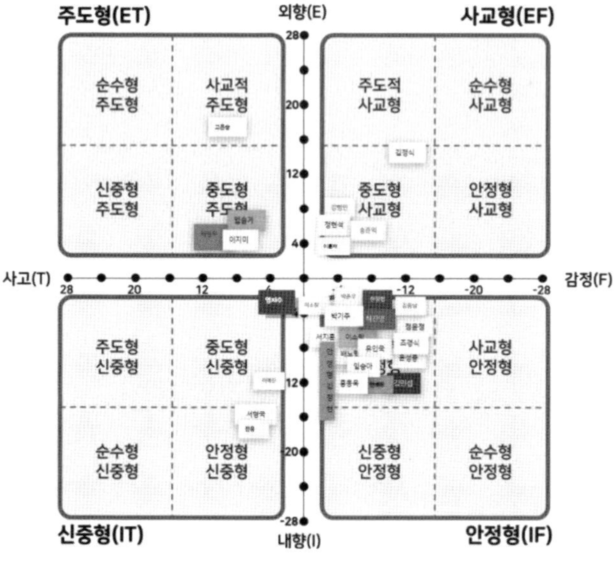

## 알로와 잼보드를 활용한 PMI 토론

**| 목적 |**

더 좋은 팀을 만들고 함께 성장하는 조직이 되기 위해 필요한 점을 자유롭게 논의한다.

**| 진행 방법 |**

1) 알로나 잼보드를 활용해 현재에서 P(Plus, 더할 것), M(Minus, 뺄 것), I(Improvement, 개선점)을 작성할 수 있는 샘플을 제작한다.
2) 참석자들에게 포스트잇 기능으로 P, M, I 중 하나를 세 가지씩 자유롭게 쓰도록 한다. 익명으로 진행한다.
3) 작성된 내용을 그룹화해 묶는다.
4) 내용 중에서 궁금한 점을 참석자들에게 묻고 참석자들의 의견을 확인한다. 누가 작성했는지 찾지 않는 게 중요하다.

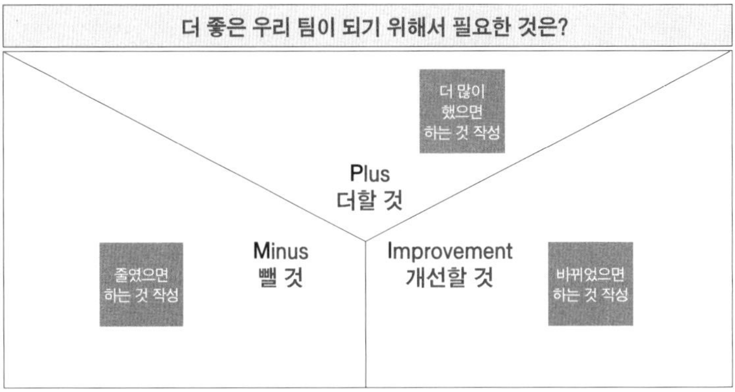


## 구글 프레젠테이션을 활용한 팀 홍보 이력서 쓰기

**| 목적 |**

팀 빌딩 및 팀의 장점과 긍정적 요소를 발견하고, 팀에 대해 객관화할 수 있는 계기를 마련한다.

**| 진행 방법 |**

1) 구글 프레젠테이션을 활용해 조별 작성 시트 샘플을 제작한다.
2) 조별 토론으로 시트를 작성하게 한다. 토론 시간은 15분 내외가 적당하다.
3) 전체 회의실에서 조별로 정리한 내용을 발표하게 한다.
4) 전체 조별 발표가 끝난 뒤 몇 명의 참석자에게 느낌을 묻고

공유한 뒤 랩 업 한다.

| 우리 팀을 홍보해 보자 | |
|---|---|
| 1조 | |
| 우리 팀을 나타내는 매력적인 카피 | |
| 우리 팀의 강점과 리소스 | |
| 우리 팀의 성공 이력서 | |
| 우리 팀의 미래 비전 | |
| 우리 팀에 필요한 인재 | |
| 우리 팀에 오면 달라질 그의 인생 | |

## 구글 프레젠테이션을 활용한 나의 강점 찾기

**| 목적 |**

개인의 스토리와 실수를 공유함으로써 참석자 자신을 공개하고 강점과 리소스를 발견하게 한다.

**| 진행 방법 |**

1) 구글 프레젠테이션을 활용해 참석자 전원의 이름이 적힌 샘플을 제작한다.

2) 참석자들에게 5~10분 정도의 작성 시간을 준다.

3) 조별로 작성한 내용을 바탕으로 인당 1~1.5분 정도의 소개 할 시간을 준다. 처음 말할 사람을 지정해 준다.

4) 조별 모임 후 전체 회의실에 모여 자신의 조에서 가장 인상 깊은 사람에 대해 한 명씩 발표하도록 한다.

5) 한두 명을 지정해 서로의 이야기를 들은 소감을 공유한 후 랩 업 한다.

| 0조 | 이름 : 000 (자신을 정의하는 한 문장) |
|---|---|

내 삶의 5대 뉴스(키워드 위주로)

1. ________
2. ________
3. ________
4. ________
5. ________

내 인생 가장 뿌듯했던 사건

실수! 이 정도까지 해 봤다!
(무모한 도전, 무용담, 믿거나 말거나, 과대 포장 환영)

나의 스토리를 돌아보며 발견한 삶의 리소스와 강점 5가지는?

**리소스 사전**

| | | | |
|---|---|---|---|
| 감사 | 배려 | 유연성 | 창의성 |
| 책임감 | 겸손 | 사랑 | 이해 |
| 사려 | 인내 | 소신 | 근면 |
| 충직 | 기쁨 | 탁월함 | 끈기 |
| 신뢰 | 절도 | 정의 | 도움 |
| 평온함 | 열정 | 용기 | 존중 |
| 헌신 | 명예 | 진실 | 확신 |
| 너그러움 | 화합 | 믿음직함 | 솔선수범 |
| 신중 | 슬기 | 봉사 | 결의 |
| 재치 | 현명 | 관용 | 청결 |
| 조화 | 절제 | 인정 | 상냥함 |
| 따뜻함 | 솔직함 | 정돈 | 친절 |
| 긍정 | 포용력 | 정직 | 신용 |
| 의지 | 안정적 | 용서 | 예의 |
| 모범 | 철저 | 자신감 | 협동 |
| 재미 | 활기 | 한결같음 | 지혜로움 |

### Tip 효과적인 줌 활용 학습을 위한 도구 '클래스(Class)'

언택트 러닝에서 가장 많이 활용되는 화상 회의 플랫폼은 단연

줌이다. 소그룹 기능과 앱 연동이 가능해 언택트 러닝 활용에 최적화되어 있기 때문이다. 최근 이런 줌과 연계한 학습을 지원하는 도구가 출시되고 있는데, 가장 대표적인 도구가 '클래스'일 것이다. 클래스는 출결 관리, 과제, 퀴즈, 일대일 토론, 성적 관리 등 오프라인 수업에서 하던 기능을 그대로 언택트 상황에서 가능하게 한 줌 연계 소프트웨어다. 클래스의 대표적인 기능을 몇 가지 소개한다.

첫째, 교육 화면의 인터페이스를 강의실처럼 구현할 수 있다. 교수자를 좌측 상단에 고정하고, 조교나 발표자는 화면 상단에 고정하는 것이다. 학습자와 수업 데이터를 한눈에 볼 수 있도록 구성되어 있는 것도 좋다.

둘째, 수업 자료 배포나 과제, 퀴즈, 시험을 진행이 용이하다. 참석자들의 점수는 온라인 성적부에서 자동으로 채점된다. 퀴즈를 구성하면 우측 화면에 새로운 탭이 형성되고, 강의 화면과 퀴즈를 자유롭게 오갈 수 있다.

셋째, 참석자의 명단과 출석 관리 등 수업을 운영하고 관리하는 데 필요한 강의 관리 도구를 제공한다. 참석자별 출결과 입장, 퇴장 시간까지 확인할 수 있다.

넷째, 참석자의 참여 정도를 파악할 수 있다. 참석자별로 얼마나 말하고, 논의에 참여했는지를 확인해서 평균, 평균 이상, 평균 이하로 나누어 기록된다. 말을 적게 하거나 참여가 적은 사람은 빨간색 표시와 함께 '검증(verify)'이라는 메시지가 뜬다.

이 외에 대시보드, 가상 교실 화면 설정, 하이브리드 교실 지원, 학습자와의 일대일 튜터링 기능 등이 있고, 웹과 비디오, 파일을 공유할 수 있다. 줌을 활용하는 교육에서 필요한 모든 기능을 활용할 수 있다고 보면 된다.

클래스 강의 화면

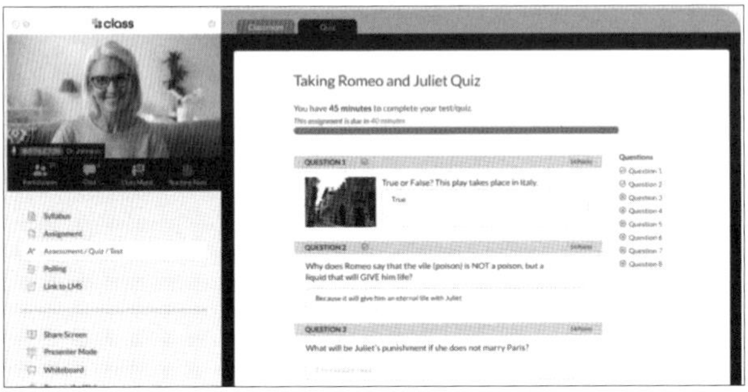

클래스 퀴즈 화면

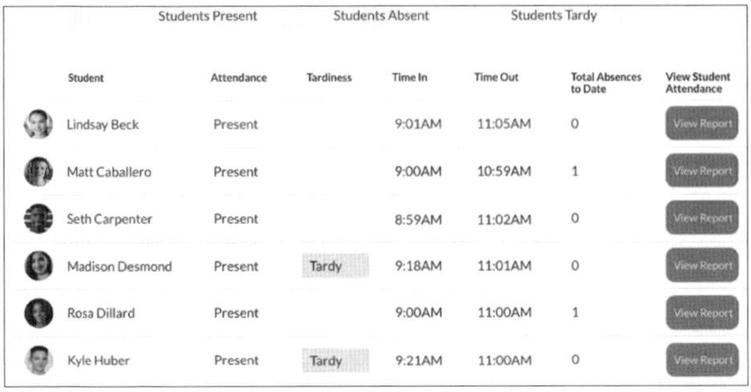

| Student | Attendance | Tardiness | Time In | Time Out | Total Absences to Date | View Student Attendance |
|---|---|---|---|---|---|---|
| Lindsay Beck | Present | | 9:01AM | 11:05AM | 0 | View Report |
| Matt Caballero | Present | | 9:00AM | 10:59AM | 1 | View Report |
| Seth Carpenter | Present | | 8:59AM | 11:02AM | 0 | View Report |
| Madison Desmond | Present | Tardy | 9:18AM | 11:01AM | 0 | View Report |
| Rosa Dillard | Present | | 9:00AM | 11:00AM | 1 | View Report |
| Kyle Huber | Present | Tardy | 9:21AM | 11:00AM | 0 | View Report |



클래스 수업 관리 화면

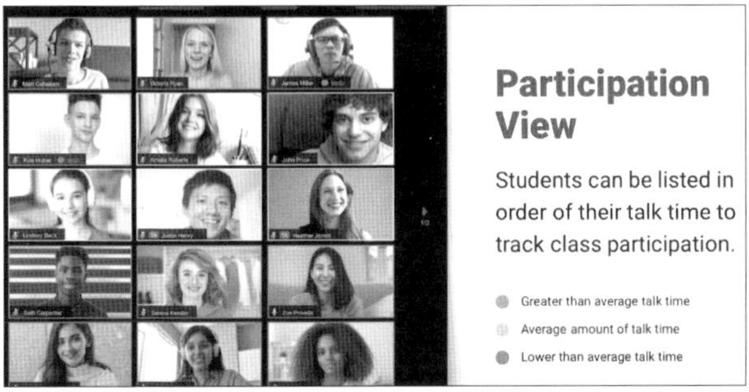


클래스 참여도 파악 화면

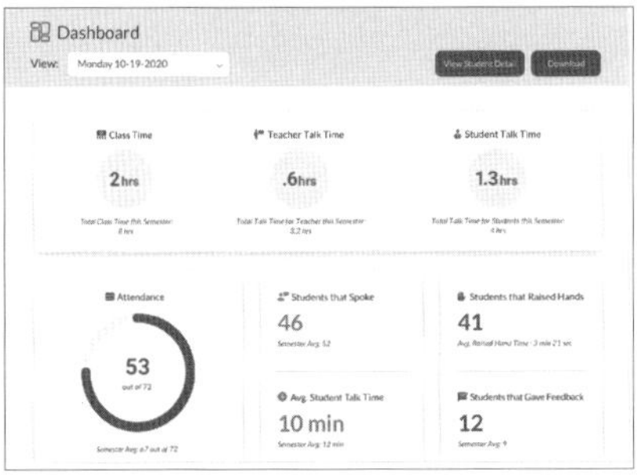


클래스 대시보드 화면

*출처: Class.com

전문가 인터뷰 1. 언택트 경험 디자인 전문가 서지영 대표

**Q. 안녕하세요. 소개 부탁드립니다.**

A. 안녕하세요. 저는 기업 교육 강사이자 전문 코치입니다. 예전에는 조직에서 교육을 담당했고 현재는 비즈니스 전문 코치 및 강사로서 임원 코칭, 코칭 리더십, 강점 기반의 커리어 개발, 온·오프라인 팀 빌딩을 하고 있습니다.

**Q. 코로나 이후 언택트 러닝과 관련한 다양한 기획과 시도를 하고 계신데, 언택트 교육과 기존 대면 교육과의 가장 큰 차이점은 무엇이라고 생각하시나요?**

A. 가장 큰 차이점은 인터랙션입니다. 상호 작용이죠. 강사와 학습자 간의 상호 작용, 학습자와 학습자 간의 상호 작용, 집단과 집단 간의 상호 작용, 몰입자와 적극적 비 몰입자 간의 상호 작용 등에 차이가 있습니다. 기업 교육에서 강사는 전문가로서 지식을 전달하는 것 외에 학습자와의 상호 작용을 통해 교육의 장으로 초대할 수 있어야 합니다. 성인 교육은 '나에게 무슨 도움이 되는가?'라는 질문에 답할 수 없으면 바로 몰입도가 떨어집니다. 그래서 학습자 한 사람 한 사람을 세심히 관찰하고, 그들의 학습 속도

와 참여 의지에 맞춰 함께할 수 있도록 합니다. 적극적 비 몰입자는 교육 내내 이루어지는 조별 활동에서 타인에게 영향을 끼치기 때문에 특별히 신경 써야 합니다. 사실 대면 교육에서는 이러한 개별 몰입도가 한눈에 보이기 때문에 비 몰입자를 발견하고 몰입자로 전환시키는 게 비교적 쉬웠습니다. 관심을 갖고, 질문하고, 경청하고, 인정하며 그의 참여가 얼마나 가치 있는지를 느끼게 하는 방법으로 말이죠.

하지만 언택트 상황에서는 이들을 참석시키기까지가 오래 걸리고, 물리적으로 한계가 있어요. 강사의 입장에서 보면 언택트 교육에서 더 민감하게 관찰하고, 부지런히 쫓아다니고, 자주 개입해야 하기에 많은 에너지가 듭니다.

**Q. 언택트 러닝으로 진행하면서 결과가 좋았거나 의미 있는 시도가 있었나요?**

A. 첫 번째는 맞춤형 언택트 팀 빌딩 사례입니다. 최근 MZ 세대나 젊은 직원들이 코로나로 회식이 사라져 좋아한다는 기사를 보셨을 것입니다. 그러나 팀 빌딩 전에 설문을 통해 이야기를 들어보면 "회식하고 싶다. 만나고 싶다."라는 말이 정말 많습니다. 코로나 시대의 재택근무로 인해 팀원을 만나기 어렵고 일 이외의 관계가 차단되었기 때문입니다. 소속감을 느끼고자 하는 욕구에

결핍이 생긴 거죠. 매슬로우의 욕구 5단계 중 소속감에 대한 욕구는 3단계로 기본적으로 채워져야 할 욕구거든요. 더욱이 '팀'이라는 건 개인의 소속감뿐 아니라 '우리가 팀으로 존재해야 하는가? 조직에서의 팀 성과는 어떠해야 하는가?'라는 공동체적 과업과도 연결되기 때문에 언택트 시대의 팀 빌딩에서 다뤄야 할 핵심이지요.

저는 팀 빌딩을 통해 '내가 누구인가, 나는 어떨 때 힘이 나는가, 나는 조직에 무엇을 기여할 수 있는가, 우리 팀은 어떠한 방향으로 나아가야 하는가, 그러기 위해 무엇이 필요한가'에 대한 질문을 서로에게 던지고, 함께 고민하고, 생각을 공유하는 과정을 언택트로 구현했습니다. 이는 내가 중심인 MZ 세대의 자기 존재 인식과 연결됩니다. 참석 후기에 "술도 안 마시고 내 이야기를 깊이 있게 할 수 있다는 게 놀랍습니다. 일 이전에 팀원들이 어떤 사람인지 알 수 있게 되었고, 우리가 팀이라는 게 자랑스럽습니다."라는 말이 가장 인상에 남습니다.

두 번째는 갤럽 강점 기반의 커리어 비전 수립 사례입니다. '커리어 디자인'이라는 이름으로 오프라인 교육을 수년 째 진행하고 있는데요, 만족도가 높고 프로그램 자체가 잘 짜여 있어요. 그러나 코로나로 갑자기 언택트 교육으로 재설계해야 하는 상황이 된 거죠. 리스크가 큰 일이었습니다. 그래서 교육 담당자와 함께 강점 기반으로 프로그램을 재설계하기로 했습니다. 반신반의하며 시작했어요. 커리어 과정은 본인의 커리어를 직접 작성하고 공유하게 되어 있는데, 개개인의 작성 시간의 차이와 공유하는 시간이 오프라인보다 오래 걸리더라고요. 그래서 핵심 활동에만 집중했습니다. 또한 언택트 라이브 협업 도구로 학습자들의 몰입도를 향상시키고, 과정을 잘 따라오고 있는지 꼼꼼히 관리했습니다. 커리어 과정은 다른 과정과 달리 학습자의 자기 인식과 미래 설계가 가장 중요하므로 학습자 개개인이 과정 전체에 몰입하고, 참여하는 게 중요해요. 흐름을 놓치면 남는 게 아무것도 없죠. 이렇게 언택트로 전환하고 시행착오를 거쳐 현재는 "인생에서 가장 좋은 강의였다. 나라는 사람의 강점을 한 번도 생각해 보지 않았는데 나도 괜찮은 사람임을 알게 되었다. 나중에 지금의 나를 떠올렸을 때 '그땐 내가 그랬지.' 하며 오늘을 생각할 것 같다."라는 피드백을 받았습니다.

**Q. 언택트 러닝에서 학습자 경험을 디자인할 때, 가장 중요한 것은 무엇일까요?**

A. 과정의 형식보다 목적을 잊지 않는 것입니다. 언택트 러닝은 유행을 따라가는 경향이 많습니다. 그러다 보면 강사는 어떤 도구를 사용해서 운영할 것인지 또는 학습자에게 재미있었다는

피드백을 받는 일에만 치중하기도 합니다. 그러나 대면이든 비대면이든 가장 중요한 건 바로 '학습자'입니다. 저는 저에게 늘 두 가지 질문을 합니다. '이 과정의 목적은 무엇인가?'와 '학습자라면 이 과정이 끝났을 때 무엇을 얻길 바라는가?'입니다. 그 질문에 답한 후 학습자 경험 디자인을 설계합니다.

**Q. 언택트 상황에서 학습자 경험 디자인을 잘할 수 있는 강사님만의 노하우가 있다면 무엇일까요?**

A. 아무래도 강사이자 코치이기 때문에 학습 과정 설계에 저만의 코칭 철학이 반영되는 게 노하우인 것 같습니다. 저는 여정이라는 말을 좋아합니다. 학습자 경험 디자인은 여정과 같다고 생각합니다. 제가 학습자 입장이 되어 교육의 과정 자체가 하나의 여정이 될 수 있도록 하는 거죠. 학습자가 여정을 시작할 때, 여정 중에, 여정을 마친 후에 무엇을 기억할지를 그려 보는 게 중요합니다. 또한, 과정을 설계할 때는 학습을 강요하는 게 아니라 점층적으로 참여할 수 있게 하는 것이 중요합니다. 그 안에서 자신을 드러내고 생각을 나눌 수 있게 해야 합니다. 그래서 저는 쉽고 간편한 온라인 툴을 만들고, 마지막에 내가 가져가야 할 것들을 정리하고 말할 수 있게 설계합니다.

코칭에 이런 말이 있습니다. '코칭은 가슴속에 질문이 하나 남는 것이다', '사람은 전인적이고 창의적이며 자신의 문제를 해결할 수 있는 자원을 갖고 있다' 저는 늘 이 말을 염두에 두고 학습자 경험을 디자인하고 있습니다.

**Q. 독자 분들께 추가로 전하고 싶은 말씀이 있으실까요?**

A. 모든 사람은 자신이 주인공이길 원합니다. 언택트에서는 더욱 그렇습니다. 강사나 기획자가 어떤 목적으로 교육 과정을 설계하고, 학습자를 어떻게 대하느냐에 따라 학습자의 기억 창고에 저장되는 기억이 달라집니다. 학습자 모두가 자신의 의도를 긍정적으로 해석하고, 자신만의 가정으로 세상을 바라보고, 각자의 의미를 찾을 수 있게 한다면 언택트에서도 충분히 좋은 결과를 낼 수 있을 것입니다.

## 현대 인재개발센터의 언택트 러닝

현대그룹은 경기도 양평에 자사 인재개발센터와 호텔을 함께 운영하고 있다. 현재 국내 유일하게 프리미엄 호텔과 교육 시스템을 갖춘 연수 시설이기도 하다. 현대 인재개발센터에서 실시하는 언택트 러닝 명칭은 '딥택트 러닝'으로, 특이한 점은 대면과 비대면의 혼합 방식이 아니라 완전히 비대면으로 교육이 이루어진다는 점이다. 입소한 수강생 전원은 1인 1실로 방이 배정된다. 이에 대해 김미애 과장은 수강생의 반응에 대해 이렇게 설명한다.

"입소 전에는 부정적인 의견이 많았어요. 어차피 비대면 교육인데 왜 양평까지 가서 1박 2일을 있어야 하냐는 거죠. 그러나 의구심을 안고 입소한 수강생은 교육 후 '코로나가 끝나도 비대면으로 교육을 받고 싶다'라고 말씀하시더라고요. 그리고 만족도 조사에서 주관식 응답은 공란으로 제출하는 경우가 많았는데, 딥택트 러닝 전환 후에는 특별히 요청하지 않았는데도 개인 의견을 정성껏 채워 주시더라고요. 계속 언택트로 진행되었으면 하는 피드백이 정말 많았습니다."

비대면 교육이 이렇게 높은 만족도를 기록하게 되기까지 현대그룹 인재개발센터 HRD 담당자들의 고심이 컸을 것이다. 그러나 CX(Customer Experience, 고객 경험)와 EX(Employee Experience, 직원 경험)의 트렌드는 효과적인 비대면 교육의 방향성을 모색하던 이들이 유레카를 외친 지점이었다. CX나 EX처럼 교육 경험의 총체를 관리해야 한다는 생각으로, 비대면 교육 전반의 설계에 'LX(Learning Experience, 학습 경험)'이라는 기준을 세운 것이다.

물론, 처음부터 이러닝에 대한 이미지가 좋았던 건 아니다. 학습 효과도 떨어지고 회사에서 형식적으로 제공하는 프로그램이라고 생각하는 사람이 많았기 때문이다. 그러나 이들은 수강생이 교육에 참여하기 전부터 실질적 교육을 받고 마칠 때까지의 경험 전체를 긍정적인 이미지로 만들겠다는 목표로 비대면 교육을 또 받고 싶은 교육, 추천할 수 있는 교육으로 변신할 수 있는 방법론적 설계를 하나하나 시도해 나갔다.

구체적으로 HRD 담당자들은 입소를 앞둔 수강생들에게 교육 내용의 전반적인 소개와 사전에 학습할 수 있는 영상을 포함한 '반응형 웹 메일'을 미리 전송했다. 교육 내용에 대한 사전 정보가 많을수록 교육 효과가 높을 거라 예상했기 때문이다. 혹여나 내용이 딱딱하고 지루할까 봐 일러스트를 추가하는 등 긍정적인 학습 경험 제공을 위한 세세한 부분까지 신경 쓴 메일이었다. 그리고 입소 후에는 노트북 거치대와 블루투스 이어폰, 패킹한 다과와 함께 형광 머리띠와 동물 머리띠 등의 파티용품을 제공했다. 랜선 회식을 위한 용품이다. 이에 HRD 담당자들이 할 일이 많아

사전 지급된 파티 용품으로 즐기는 랜선 회식

진다. 랜선 회식의 진행자와 MC 역할을 해야 하기 때문이다.

이에 김미애 과장은 "랜선 회식을 여러 번 해 보니 확실히 사회자의 역량에 따라 수강생들의 호응도와 만족도가 다르다는 걸 느꼈습니다."라고 말하며 랜선 회식도 '학습 경험'에 포함되는 과정이기에 그동안은 MC 자질이 뛰어난 HRD 담당자가 랜선 회식을 주도했지만 장기적으로는 모든 HRD 담당자가 이러한 역량을 개발하기 위해 노력할 필요가 있다고 했다.

랜선 회식은 저녁 6~8시 사이에 모든 수강생이 각자의 PC 카메라 앞에 개인별로 받은 치킨 한 마리와 맥주 서너 캔을 세팅한 뒤 시작된다. 그리고 MC를 맡은 교육 담당자는 오프닝 멘트와 아이스 브레이킹을 위한 MZ 세대가 원하는 회식 문화와 타 사의 언택트 회식 사례를 공유하고 모든 수강생들에게 간단한 자기소개와 인사를 시킨다. 이후 건배사와 각종 게임으로 호응도를 높인다. 모두 MC, 교육 담당자가 할 일이다.

그리고 흥미로운 점은 언택트 교육에서도 대면 교육에서 발생하던 우연적 학습이 발생했다는 것이다. 현대그룹의 연수원은 호텔 연수원이다. 수강생들이 호텔에서 하루 이상 묵으며 혼자만의 시간을 가진 게 자아 성찰의 기회가 되었다. 이에 김미애 과장은 "커리큘럼 중간에 지루하지 않도록 마련한 리프레시 세션에서 호텔 주변을 산책하는 미션을 드렸는데 이런 시간이 사색에 도움이 된 것 같습니다. 우리가 의도하지 않은, 그야말로 우연적인 학습이 일어난 셈입니다."라고 말했다.

현대그룹 인재개발센터는 코로나 상황이 나아지면 대면과 비대면을 블렌딩한 과정을 또다시 오픈할 계획이다. 그간 많은 준비와 노력에도 존재했던 비대면의 한계에 대한 아쉬움을 해소하고 대면 교육을 선호하는 팀장급 이상 세대의 니즈에 부합하기 위함이다. 이에 모든 HRD 담당자들이 다방면으로 공부하고 있다.

Part 6.

# 메타버스는 러닝 & 플레이그라운드

# 메타버스가 도대체 무엇이기에?

2020년 9월 BTS의 '다이너마이트' 신곡 발표가 큰 화제였다. 뮤직비디오를 최초 공개한 장소가 TV 음악 전문 프로그램이나 유튜브가 아니라, 메타버스 게임 공간인 '포트나이트'였기 때문이다. 포트나이트는 3억 5천 만 명의 가입자와 1,000만 명의 동시 접속자를 보유한 가상 게임 공간으로, BTS의 팬들은 이곳에 아바타로 접속해 뮤직비디오를 관람하고, 아이템을 구매해 BTS와 함께 춤을 추었다. 그리고 이 콘텐츠는 국내에 메타버스를 알리는 계기가 되었다.

비슷한 시기에 또 다른 메타버스 플랫폼 제페토에서는 블랙핑크 팬 사인회가 진행되었다. 무려 5,000만 명의 팬이 모였으며 자신들의 아바타로 블랙핑크와 함께 사진을 찍은 후 인증샷을 남기면 블랙핑크의 사인을 랜덤으로 제공하는 방식이었다. 이에 인증샷을 남기고 개인 SNS에 공유한 이는 20만 명 이상이었다.

메타버스는 코로나로 인해 다양한 언택트 활동이 많아지면서 폭발적인 관심을 이끌었으며, 다음 시대의 디지털 패러다임으로 언급되고 있다. 디지털 변곡점의 첫 번째가 인터넷, 두 번째가 스마트폰이라면 세 번째는 시공간을 초월한 세상인 메타버스가 될 것이라는 전망이다.

실제로 에픽게임즈의 CEO 팀 스위니는 '메타버스는 인터넷의 다음 버전 즉, 공간 인터넷'이라 밝혔고, 글로벌 회계·경영 컨설팅기업 PWC는 VR과 AR 기술 발달에 따른 현실감과 몰입감 강화와 함께 메타버스 성장이 가속화할 것이라며 2019년 455억 달러(약 51조 원) 규모였던 메타버스 시장이 2025년에는 4,674억 달러(약 520조 원), 2030년에는 1조 5,429억 달러(약 1,723조 원)까지 30배 이상 성장할 것으로 예측했다. 또한, AI 기술 업체인 엔비디아의 CEO 젠슨 황은 "지난 20년간 놀라운 일이 벌어졌지만, 이후 20년은 공상과학 영화에서나 보던 일이 벌어질 것이다. 메타버스가 오고 있기 때문이다."라고 말했다. 최근 페이스북을 메타로 사명을 바꾼 마크 주커버그의 행보도 언급할 만하다. 그는 "5년 안에 사람들은 메타를 SNS 기업이 아닌 메타버스 기업으로 인식할 것이다. 메타버스는 기존 소셜 커뮤니티보다 더 풍부한 상호 작용을 만드는 궁극적인 소셜 테크놀로지의 집합체이므로 사람들이 함께 시간을 보내고 어울릴 수 있는 몰입형 가상 세계에서 서로 다른 경험을 텔레포트하게 될 것이다."라고 말했다. 나를 대변하는 아바타가 가상 공간에서 다른 아바타를 만나 소통하고 교류하며 현실처럼 경제 활동을 하게 될 것이며, 이러한 몰입 경험이 더 많은 사람을 끌어들일 것이라는 예측이다. 마치 영화 〈매트릭스〉나 〈토탈 리콜〉처럼 어디가 현실이고 어디가 가상 세계인지 구분하기 어려운 상황처럼 말이다.

그렇다면 메타버스란 무엇일까? 메타버스는 '초월'을 의미하는 그리스어 메타(Meta)와 '우주, 세상'을 의미하는 유니버스(Universe)의 합성어다. 즉, 가상과 현실이 상호 작용하고 함께 진화하며 그 안에서 사회·문화·경제 활동이 이루어지고 가치를 창출하는 세상을 말한다. 디지털 세상 속 자아이자 '디지털 나(Digital Me)'인 아바타가 사회·문화·경제 활동을 할 수 있는 현실과 가상이 섞인 세계가 메타버스인 것이다.

그러나 메타버스와 아바타라는 용어는 새로 만들어진 게 아니다. 두 용어는 놀랍게도 1992년 닐 스티븐슨의 공상 과학 소설 《스노 크래시》에서 처음 언급된다. 소설 속 등장인물들은 아바타라는 가상의 신체를 빌려 메타버스에 들어간다. 그리고 주인공

히로는 현실에서는 마피아에게 빌린 돈을 갚기 위해 피자 배달부로 살아가는 사람이지만 메타버스에서는 천재 해커이자 전사다. 그는 메타버스에서 신종 마약인 스노 크래시가 현실 세계 유저의 뇌를 망가뜨린다는 사실을 알고 배후를 찾아 나서고 현실 세계를 구하는 영웅이 된다. 아바타와 메타버스라는 용어가 30여 년 전에 나왔다는 사실이 놀랍기만 하다.

비영리 기술 연구단체인 ASF(Acceleration Studies Foundation)는 메타버스를 구현 공간과 정보 형태를 축으로 한 네 가지 유형으로 정의했다. 우선 메타버스에 구현되는 공간이 현실 기반으로 구현되었는지(현실 증강), 가상화한 환경을 기반으로 구현되었는지(시뮬레이션)가 한 축이다. 그리고 구현되는 정보가 외부의 사물이나 환경 중심의 정보인지, 인간 중심의 정보인지가 한 축이다. 이에 따른 첫 번째 유형은 'AR'이다. 한때 화제가 되었던 포켓몬 고 게임을 생각하면 이해가 쉬울 것이다. 실제로 존재하는 현실에 가상의 사물이나 정보를 합성해 마치 원래의 환경에 존재하는 사물처럼 보이도록 하는 유형이다. 두 번째 유형은 '라이프 로깅(Life logging)'이다. 개인이 현실에서 활동하는 정보가 가상과 연결되어 통합하는 형태로 스마트폰 앱이나 웨어러블 디바이스를 사용한 운동, 활동 내역이나 동선이 기록되는 것이 해당한다. 세 번째 유형은 '거울 세계(Mirror Worlds)'로 실제 세계가 사실적으로 반영되어 확장된 세계를 의미한다. 대표적인 예는 구글 어스다. 세계 전역의 위상 사진을 수집해 일정 주기로 사진을 업데이트하고, 시시각각 변화하는 현실 세계를 반영하는 가상 세계다. 네 번째 유형은 'VR'이다. 현실과 유사하거나 다른 대안의 세계를 디지털화한 세계로, 아바타를 통해 현실 세계와 유사한 활동을 할 수 있다는 특징이 있다.

그러나 이 유형 모델은 현재 독립적으로 발전함과 동시에 그 경계가 허물어지고 있다. 네 가지 유형이 상호 작용하면서 융·복합했기 때문이다.

메타버스의 유형

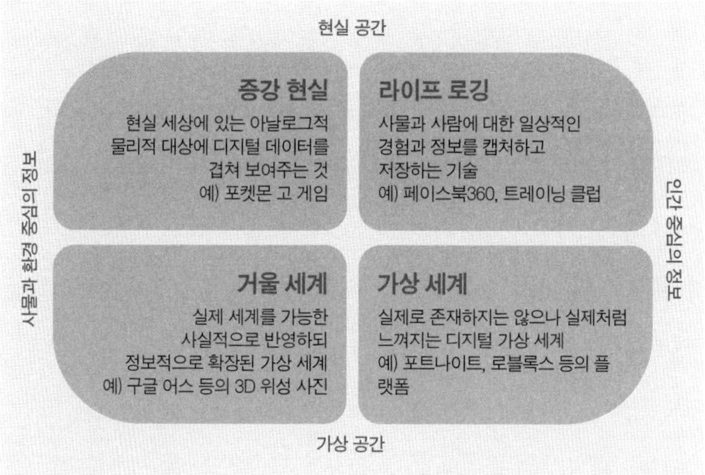

## 메타버스는 언택트 시대의 게임체인저

UCLA의 교수이자 심리학자인 앨버트 메라비언은 '메라비언의 법칙(The Law of Mehrabian)'을 발표하며 커뮤니케이션에서 언어적 요소는 7%밖에 영향을 끼치지 않는다고 했다. 커뮤니케이션에서 언어적 요소보다 비언어적 요소가 더 중요하다는 의미로, 구체적으로 보디랭귀지는 55%, 목소리는 38%, 말의 내용은 7%의 영향력을 끼친다.

그러나 우리는 코로나로 인해 언택트 상황의 지속으로, 미디어를 통한 맥락 정보 위주의 소통을 하게 되었다. 비언어적 요소는 알아차리기 힘든 상황이다. 그리고 이러한 물리적 한계를 해소하고 언택트 상황의 제약을 극복하기 위한 대안이 바로 메타버스를 포함한 XR(eXtended Reality, 확장 현실)의 활용이다. 실제로 메타버스는 최근 인터넷 다음의 세상으로 판도를 바꾸는 게임체인저로 조명되고 있으며, 소프트웨어 정책연구소는 〈이슈 리포트〉를 통해 메타버스에 열광하는 세 가지 이유를 다음과 같이 설명했다.

첫째, 메타버스는 언택트 상황에서 기존의 온라인 소통 방식보다 더 풍부한 정보를 제공한다. '미디어 풍부성(Media Richness)' 개념에 따르면 미디어는 정보의 복잡성을 잘 전달하는 의사소통 수

단이 되어야 하며, 미디어 풍부성은 편지, 이메일, 문자, 전화, 화상 회의, 대면 대화 순으로 높다. 전달해야 하는 정보가 복잡할수록 직접 만나는 게 가장 효율적이라는 의미다. 이에 메타버스는 미디어의 풍요성이 높은 수단이다. 시각, 오디오, 보디랭귀지, 표정 신호 등의 다양한 정보가 제공되기 때문이다. 콘퍼런스를 진행한다고 할 때, 각각의 소통 방식과 도구의 효율성은 아래 표와 같다.

오프라인·온라인·메타버스 효율성 비교

| | 오프라인 | 온라인 | 메타버스 |
|---|---|---|---|
| 발표 | 가능 | 가능 | 가능 |
| 토론 | 가능 | 가능 | 가능 |
| 전시 | 가능 | 제한 | 가능<br>(3D 전시물 활용) |
| 네트워킹/<br>협업 | 가능 | 제한 | 가능<br>(아바타 활용) |
| 실시간<br>데이터 분석 | 제한 | 가능 | 가능 |
| 참석 비용/<br>시간 | 높음 | 낮음 | 낮음 |
| 몰입 수준 | 높음 | 보통 | 높음 |

메타버스에서의 소통은 대면 회의와 화상 회의 사이 수준의 효율성을 띄며, 대면과 비대면의 편리함을 동시에 지닌 플랫폼인 것이다.

소통 방식에 따른 정보의 양 차이

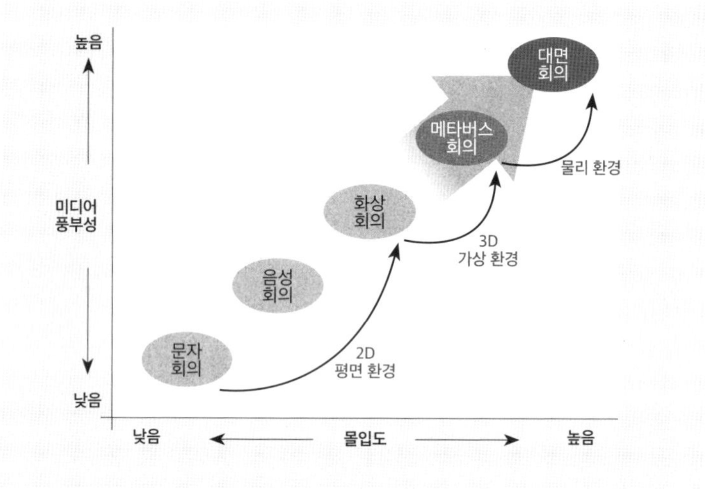


둘째, 메타버스에서의 소통은 실제 대면 수준의 경험과 공감대를 형성한다. '제4의 벽'은 드라마나 연극에서 등장인물과 관객을 분리하는 상상 속의 벽을 뜻한다. 그러나 메타버스는 가상 환경, 증강 환경과의 상호 작용 때문에 제4의 벽이 없고, 참석자는 관찰자가 아닌 참여자이자 등장인물로 행동하게 된다. 대면 수준의 경험이 가능한 것이다.

이에 런던대학교의 마르코 길리스 교수는 "메타버스 같은 실감 기술에는 제4의 벽이 없습니다. 우리는 실제로 이야기 세계 안에 존재하며, 캐릭터로부터 우리를 분리시키는 형이상학적 장벽이 없습니다. 우리는 그들과 한 공간에 함께 있습니다."라고 말했다.

또한, 메타버스 속에서는 신체가 나에게 속해 있다는 느낌은 '신체 소유감'을 느낄 수 있기 때문에 현실감 또한 크다.

셋째, 메타버스에서의 다양한 방식 경험과 사회 활동은 피로감을 감소시킨다. 현재 코로나로 인한 격리와 재택근무로 인하 사람들의 피로감이 높은 상태다. 사회적 역할을 대부분 한 공간에서 하게 되었기 때문이다. 그러나 메타버스에서는 그렇지 않다.

정리하자면, 메타버스로 대표되는 XR 상황에서는 시공간의 제약을 넘어 대면 효과의 창출이 가능하다. 다양한 방식으로 소통하고, 비언어적 요소까지 활용할 수 있는 기능이 제공되기 때문이다. 이로써 메타버스는 언택트 시대에 의사소통하고(Communicate), 일하고(Work), 놀이를 할 수 있는(Play) 복합 공간이자 게임체인저로서의 역할을 하고 있다고 볼 수 있다.

## 메타버스와 언택트 러닝의 진정한 힘은 확장성에 있다

메타버스 플랫폼 '게더타운'을 활용해 교육을 진행했을 때의 일이다. 교육 후 전원이 모여 단체 사진을 찍기 위해 회사 로고가 있는 중앙 로비를 만들었는데, 한 참석자가 아바타 이모지 이것

저것을 눌러 보다가 회사 로고를 삭제했다. 로고를 삭제한 참석자는 어쩔 줄을 몰라 했고 나도 당황했다. 웃으면서 로고를 되돌려달라고 이야기했더니 그 분은 몇 분 뒤 삐뚤빼뚤한 손 글씨로 그린 로고를 업데이트해 왔다. 순간 참석자 모두 폭소했다. 오프라인 교육의 장점으로 여겨지던 우연적 사건이 언택트 상황에도 발생한 것이다. 그리고 이 사건으로 인해 참석자들은 마음을 열고 적극적으로 참여하는 면모를 보였다.

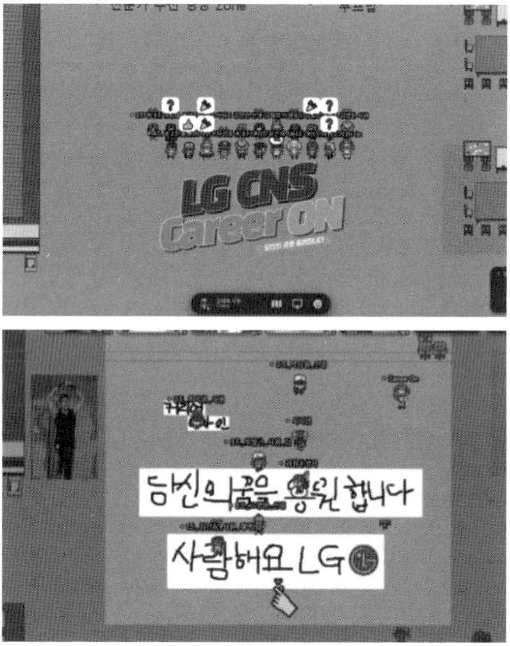


이 모든 교육 과정이 끝난 뒤 학습자들의 피드백은 다음과 같

다. “언택트로 진행되는 과정이 과연 얼마나 유익할 수 있을까 반신반의했습니다. 하지만 메타버스를 포함한 다양한 언택트 라이브 협업 도구와 참신한 커리큘럼으로 실제로 만나는 것 같은 느낌이 들었습니다. 언택트로도 이렇게 많은 이야기를 나누고, 스스로 성찰할 수 있다는 사실이 신기합니다. 특히 메타버스 플랫폼은 온라인 협업 도구로 정말 잘 개발되었다는 생각이 듭니다.”, “비대면 과정임에도 불구하고 메타버스를 통해 상호 작용할 수 있으니 대면처럼 과정에 참여할 수 있어 좋았습니다. 물리적으로는 책상 앞에 앉아 있지만 마치 직접 움직이며 조별 미션을 하는 것 같아 흥미롭고 색다른 경험이었습니다.”

최근 교육 분야에서는 메타버스를 도입해 워크숍을 기획하는 경우가 많다. 정부 부처와 기업뿐 아니라 콘퍼런스도 마찬가지다. 그러나 자세히 살펴보면 메타버스를 도입했다는 말뿐 상세한 메타버스 활용 사례는 찾기가 힘들다. 실제로 한 정부 부처에서 이프랜드로 간담회를 진행했다는 기사를 본 적이 있다. 그러나 과연 이들이 이프랜드의 장점인 3D 아바타를 설정해 스마트폰으로 원활하게 접속했는지, PDF와 영상 파일을 활용해 자료를 제시했는지, 음성과 이모티콘을 이용해 의사 표현을 할 수 있었는지는 전혀 알 수 없다. 메타버스를 활용했다는 경험만 있을 뿐, 구체적인 활용법과 피드백은 알게 어려운 게 현실이다. 개인적으로는 스마트폰으로만 접속할 수 있는 이프랜드가 행사의 취지를 얼마나 담아낼 수 있었을지 돌아볼 필요가 있다고 생각한다.

우리는 메타버스 플랫폼마다의 장단점을 비교해 해당 교육에 맞는 플랫폼을 선택할 수 있어야 한다. 학습자가 몰입할 수 있는 최적의 대안을 고려해 적합한 플랫폼을 찾아 기획해야 한다. 이런 고민이 없이 메타버스 플랫폼을 이용하는 건 아쉽다.

메타버스의 진정한 힘은 확장성에 있다. 메타버스는 그 자체가 주는 소통의 다양성, 실재감과 학습자 중심의 패러다임 등의 강점이 있다. 게더타운을 예로 들어보자.

게더타운은 오브젝트와 연결하여 외부 미디어와 링크해 무한한 세계를 확장할 수 있다는 장점이 있다. 앞서 다룬 언택트 멀티모달의 요소가 그대로 구현되는 것이다. 나는 메타버스에서 조별 미션 활동을 기획할 때 맵 구석구석의 오브젝트에 온라인 학습 도구를 활용한 링크를 연결한다. 로비에 있는 보드에는 패들릿을 연결해 자기소개를 작성하게 하고, 교육장 보드에는 구글 프레젠테이션을 연결해 강점 리스트를 작성하게 하는 것이다. 참석자 전원이 강점 리스트를 업로드해 미션을 해결해야 다음 스테이지로 넘어갈 수 있다. 이런 식으로 하면 메타버스에서 할 수 있는 일은 참석자 네트워킹, 조별 미션 활동, 퀴즈, 사전 질문, 영상 큐레이션 등 무궁무진해진다.

나는 메타버스를 적용한 교육 기획과 과정을 묻는 이들에게, 메타버스에서 가장 중요한 것은 도입 여부가 아니라 활용이라는 점을 강조하고는 한다. 급한 마음에 메타버스를 적용하는 게 아니라 언택트 상황에 대해 내가 고민하는 포인트가 무엇이고 이를 해결할 수 있는 대안을 고민해 보라는 말이다. 그런 다음 메타버스가 다양한 미디어와 멀티모달 도구 중에 가장 최적의 대안인지를 고민하게 한다. 메타버스를 활용해 보았다는 사실이 아니라 메타버스를 적용해 기대하는 효과가 무엇인지를 사전에 정의하고 경험을 디자인하길 바란다. 물론, 나는 메타버스를 학습자 경험 디자인을 하는 데 최적의 장소라고 생각한다. 다양한 소통 방법과 소스, 툴을 적용할 수 있고, 우연한 만남과 그로 인한 경험과 지식의 공유가 일어나기 때문이다. 메타버스에 있으면 사람들이 진짜로 내 곁에 있는 듯한 느낌이 든다. 오프라인처럼 가까이 오면 얼굴이 보이고 목소리가 크게 들리는 물리적 환경을 구현한 플랫폼도 많다.

그러나 메타버스만 활용해야 한다는 고정관념은 버리자. 메타버스는 장점이 분명하지만, 참석자를 집중시키고 인솔하기에는 어려움이 있다. 게다가 참석자마다의 PC 사양이 다르기 때문에 네트워크 환경이 불안정해지기도 한다. 그래서 나는 16시간짜리 교육이라면 강의 위주의 모듈은 줌으로 진행하고, 조별 미션과 활동, 랜선 회식은 메타버스에서 진행한다. 이렇게만 생각해도 메타버스 활용법은 확장된다.

## 창업 1년 만에 2조 원 회사로 성장한 게더타운의 비결

언택트 교육에 참여하거나 화상 회의를 하고나면 이상하게 피로감이 몰려오는 경험을 해 봤을 것이다. 같은 시간이라도 오프라인으로 교육받는 것보다 언택트 교육의 피로감이 크다. 8시간 전일 교육이라도 받는 날이면 퇴근 후 아무것도 할 수가 없다. 화상 회의가 확산되던 2021년 2월 스탠퍼드대학교의 제레미 바일렌슨 교수는 줌으로 대표되는 화상 회의와 피로감에 대한 연구를 통해 줌 피로 증후군의 네 가지 원인을 밝혔다.

첫 번째 원인은 '시선으로 인한 부담과 과한 각성'이다. 오프라인 상황에서는 시선을 출력 자료를 보거나 동료 등 다양한 곳에 둘 수 있었다. 그러나 화상 회의에서는 참가자 전원이 화면에 고정되기 때문에 화면 속의 사람들이 모두 나를 바라보고 있는 듯한 착각에 빠지게 된다. 시선의 부담감으로 각성 상태가 유지되는 것이다. 두 번째 원인은 '화면 속의 나를 바라보기' 때문이다. 바일렌슨은 "현실에서 누군가가 거울을 들고 다니며 끊임없이 당신을 비춘다면 어떤 느낌이겠는가? 굉장히 피곤한 일 아닌가?" 라고 말했다. 세 번째는 '일상적 이동의 감소'다. 대면이나 전화로 소통할 때는 움직이거나 이동할 수 있지만 화상 회의에서는 그럴 수 없다. 실제로 사람들은 움직일 때 인지 활동이 활발해져 피로감이 낮아진다. 네 번째는 '비언어적 표현의 감소'다. 인간은 소통할 때 언어적 표현인 말뿐 아니라 표정과 손짓, 몸짓 등의 비언어적 요소를 무의식적으로 만들고 해석한다. 그러나 화상 회의에서는 오로지 말로만 모든 것을 표현해야 한다.

메타버스가 이러한 피로감을 줄이는 대안이 된 것도 메타버스 성장의 주요 요인일 것이다. 이에 나는 최근 언택트 러닝과 행사, 기업 오피스에 가장 많이 활용되는 게더타운의 성장을 이야기하

게더타운의 창립자들

고 싶다. 게더타운은 2020년 5월에 실리콘밸리에 설립된 기업으로 1년 만에 2조 3,000억 원의 기업 가치를 인정받고 400만 명의 사용자를 확보한 유니콘 기업이 되었다. 2020년 6월 테크 콘퍼런스 위주의 '온라인 타운'을 시작으로 코로나로 인해 화상 회의 솔루션에 대한 수요가 늘자 오피스 플랫폼으로 변환해 성공한 기업이기도 하다.

게더타운의 특징은 아바타가 8비트의 2D 그래픽이라는 점이다. 일러스트나 포토샵 등의 디자인 툴로 2.5D 효과를 구현하기도 하지만, 추가적인 비용과 노력이 많이 드는 작업이다. 그런데도 이렇게 업무 플랫폼으로 각광받는 이유는 무엇인가?

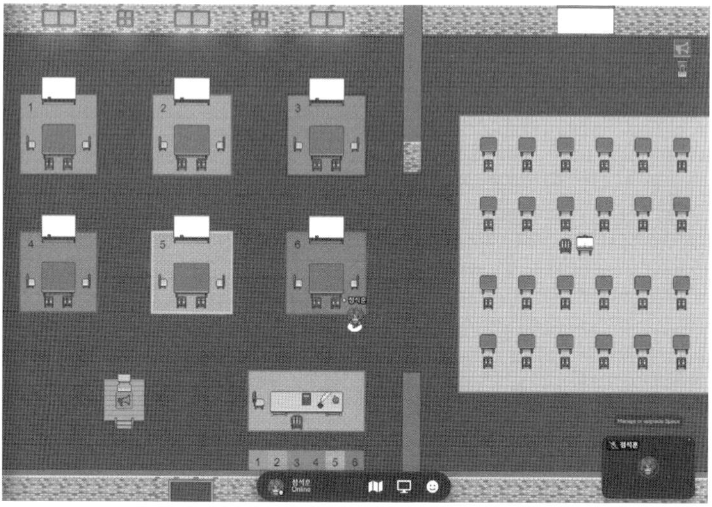


게더타운의 2D 그래픽

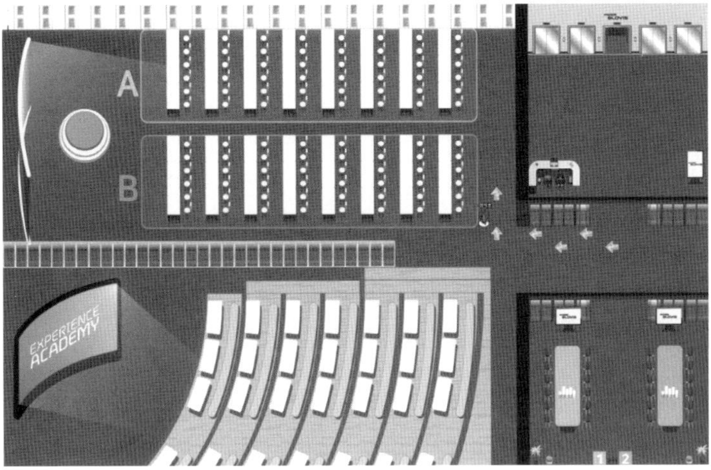

게더타운의 2.5D 그래픽

첫째로 게더타운의 2D 아바타와 위에서 내려다보는 뷰는 화상 회의에서 느껴지는 줌 피로 증후군을 낮춘다. 특히 아바타를 앞세워 자신의 모습을 보지 않고도 소통할 수 있다는 점과 전체 화면을 한눈에 볼 수 있는 직관성을 높인 점은 피로도를 극명하게 낮춘다.

둘째는 사람과 사물 사이의 인터랙티브 커뮤니케이션이 가능하다는 점이다. 아바타끼리 소통할 수 있도록 스페이셜 오디오 기술을 사용해 아바타끼리 가까워지면 화상 회의가 활성화되고, 멀어지면 종료되는 식이다. 실제 회사에서처럼 일하다가 연락이 안 되면 찾아가서 대화하듯이 말이다. 가상 오피스로 활용하기에 최적의 플랫폼이다. 여기에 프라이빗 기능을 활용해 특정 공간에 있는 인원들과 화상 회의를 할 수도 있고, 스포트라이트 기능을 활용해 모든 인원에게 말할 수도 있다. 콘퍼런스에 사용하기 적합하다.

또 하나 특별한 점은 오브젝트를 통한 인터랙션이 가능하다는 점이다. 일반적으로 언택트에서 사물은 공간의 특성을 보여주거나 공간을 꾸미는 기능에 머문다. 그러나 게더타운의 오브젝트는 영상과 이미지, 링크, 파일 등과 자유롭게 연결된다. 예를 들어, 자료를 심은 오브젝트 근처에서 X 키를 누르면 자료 열람이 가능하다. 앞서 말한 다양한 라이브 협업 도구를 연결하면 그 확장성은 무한대에 가깝다고 볼 수 있다.

이렇게 메타버스는 가상의 오피스를 만들어 함께 일하거나, 코로나로 갈 수 없는 여행과 해외 공장 견학을 갈 수 있게 하며, 홈쇼핑 분야의 이커머스 형태로의 확장성도 가지고 있다. '만약'이 '현실'이 되는 공간이 메타버스다.

## 메타버스의 현재와 미래①
## 나는 메타버스로 출근합니다: 가상 오피스 만들기

부동산 중개 플랫폼 기업 '직방'은 서초구에 있던 본사를 없애고 메타버스 가상 오피스 '메타폴리스'를 만들어 2021년 2월에 근무 형태를 원격 근무 체제(클라우드 워킹)로 전격 전환했다. 이에 여선웅 직방 본부장은 "메타버스로 출근하면 출퇴근 시간과 비용을 아낄 수 있습니다. 또한 화상 회의를 위해서만 이용하는 줌보다 메타버스 플랫폼을 이용하는 게 몰입도를 높이는 데 더 효과적입니다."라고 말했다. 실제로 직방의 직원들은 제주도 한 달 살기나 고향집에 내려가 살며 매일 아침 아바타로 30층짜리 메타폴리스에 출근한다.

원격 근무 체제를 도입하는 기업은 지속적으로 늘고 있다. 야놀자는 2020년 6월 30일부터 시행하던 자율 원격 근무제를 무기한 연장했고, 네이버의 자회사 라인플러스는 영구 재택근무제 방침을 발표했다. 원격 근무와 재택근무가 보편화되면 자연스럽게 메타버스에 대한 관심은 커질 수밖에 없다. 업무 효율성만 유지된다면 굳이 비싼 월세를 내면서 사무실을 빌릴 필요도, 사무실 유지 비용과 식대를 제공할 필요도 없기 때문이다. 게다가 원격 근무의 단점인 커뮤니케이션 비용도 줄일 수 있다. 원격 근무 시 '이건 옆에서 일하면 1분이면 해결할 일인데.' 싶을 때가 있다. 얼굴을 보면 바로 해결할 일을 원격 근무에서는 약속 시간을 따로 잡아야 하는 것이다. 시간과 비용이 드는 일이다. 메타버스 가상 오피스를 시도하는 기업이 느는 이유다. 메타버스에서는 간단한 논의는 아바타로 자리에 찾아가서 바로 해결할 수 있으며, 누가 어디에 있는지 알 수 있어 관리자 입장에서도 업무 파악이 쉽다.

그런데 모두가 좋을까? 어떤 사람은 메타버스 가상 오피스 근무를 '현대판 파놉티콘'이라고 말하기도 한다. 소수의 감시자가 자신을 드러내지 않고 모두를 감시할 수 있는 형태라는 것이다. 직원 입장에서는 항상 카메라가 켜진 상태로 일하니 감시당하는 느낌을 받을 수 있다. 그러나 이도 공간 기획을 통해 해결할 수 있다. 최근 메타버스 오피스 공간 기획자들이 중요하게 생각하는 것이 '공동 업무 공간'과 '개별 업무 공간'의 분리다. 협업이 필요한 공간은 화상 회의가 가능하도록 설계하고, 개별 공간은 카메라와 마이크를 끌 수 있도록 설계하는 것이다. 실제로 개별 사무실에서는 자신이 앉은 자리에만 프라이빗 기능을 설정할 수 있다. 이렇게 업무 형태나 개인의 성향에 따라 독립적으로 근무하는 옵션을 제공하면 유연하게 일할 수 있는 공간이 될 것이다.

실제 회사처럼 보안 게이트와 엘리베이터를 만드는 것도 참신한 기획이다. 게더타운은 베타 테스트를 통해 직원들만 아는 비밀번호를 만들어 출입할 수 있는 곳을 만들고, 엘리베이터에 포털 기능을 삽입해 진짜 엘리베이터를 타고 이동하는 느낌을 받을 수 있게 했는데 모두 반응이 뜨거웠다. 또한, 가상 오피스는 기본적으로 실제 사무실의 레이아웃을 본따 설계하지만, 직원들의 희망 사항을 반영해 시냇물이 흐르는 사무실이나 캠핑 공간이 있는 사무실을 만들 수도 있다. 현실에서 이루기 힘든 바람을 담은 오피스 구현은 사용자에게 즐거운 일이다.

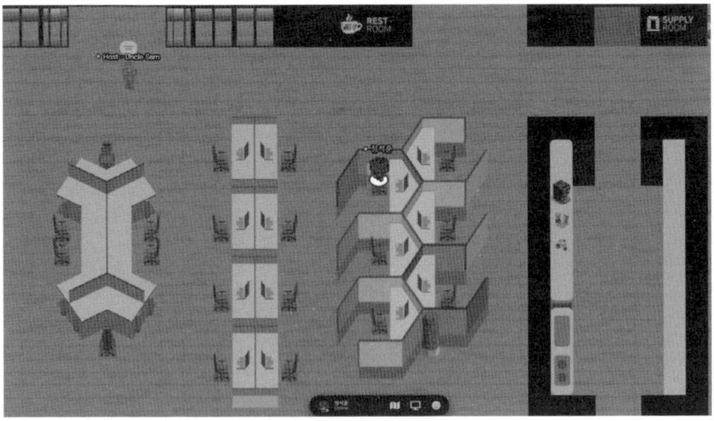


개별 사무실 공간에 앉아 있는 아바타 *출처: 샘소타 HRD

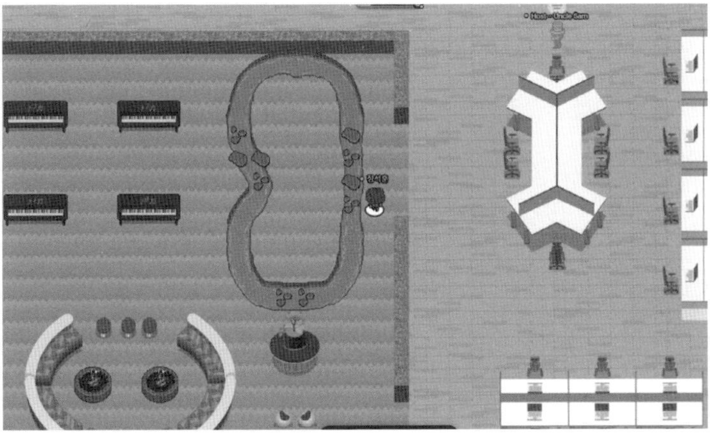


다양한 콘셉트의 휴게실

## 메타버스의 현재와 미래②
## 신입 사원 OJT를 메타버스로?: 라이브와 연계하기

2020년 9월, 한국관광공사와 대만 여행사가 공동으로 제주도 상공을 돌다가 착륙 없이 회항하는 '제주 가상 출국 여행 얼리버드 프로모션'이 있었다. 코로나로 해외여행을 가지 못하는 사람들을 위한 상품으로 비행기만 타고 돌아오는 여정이었음에도 4분 만에 완판되었다. 일본의 ANA 항공사의 '착륙 없는 하와이 여행'도 마찬가지다. 호놀룰루행이라고 표시되어 있으나 일본 영해를 돌며 승무원이 하와이언 셔츠를 입고 기념품을 파는 여정이었는데 반응이 좋았다. 모두 코로나가 장기화되며 벌어진 일이다. 직접 경험을 할 수 없으니 간접 경험에 기꺼이 돈을 쓰는 것이다.

같은 이유로 '라이브 랜선 투어'도 인기다. 기업에서 코로나로 지친 직원들을 위해 힐링 투어나 힐링 워크숍 프로그램을 기획해 랜선 투어를 진행하는 식이다. 라이브 랜선 투어의 특징은 실시간으로 현지 가이드와 인터랙션하며 진행된다는 점이다. 참석자는 집이나 사무실에서 유튜브 라이브 같은 실시간 영상 송출 플랫폼에 접속해 현지를 투어하게 되는데, 볼거리와 먹거리는 모두 가이드가 대신해 준다. 실례로 이탈리아의 피렌체 랜선 투어의 참가자가 에소프레소로 유명한 길리 카페에서 에소프레소를 마셔달라고 요청하자 가이드가 직접 해 주었고, 요청한 이는 함박웃음을 보였다.

이런 라이브 랜선 투어에 메타버스를 적용하면 현실감은 더욱 커진다. 메타버스 플랫폼 내에 현실과 매칭되는 공간을 연결하고 그 공간을 실시간으로 돌아다니며 소통하는 것이다. 관광객들이 입장하는 메타버스의 공간과 현지 장소는 라이브로 연결되고, 실시간으로 참석자들이 원하는 경험을 가이드가 대신해 주며, 간접 경험의 효과는 극대화된다. 실제로 메타버스와 현지 가이드가 실시간 유튜브 영상 송출을 연계하여 메타버스 라이브 랜선 투어를 진행하는 사례는 많다. 아래는 이탈리아의 피렌체 메타버스 라이브 랜선 투어의 모습이다. 참석자의 요청에 따라 가이드가 피렌체의 명물 누오보 메르까또 멧돼지 상의 코를 만지고 있다. 코를 만지만 부를 쌓고, 피렌체에 다시 돌아온다는 속설이 있는 곳이다.

메타버스 피렌체 라이브 투어

나는 해당 라이브 투어 사례를 접하고 기업에서 라이브를 활용할 방법이 더 많을 거라는 생각이 들었다. 치열한 경쟁률을 뚫고 최종 합격했지만 본사에 가 보지 못한 신입 사원들에게 메타버스 본사 라이브 투어를 제공하거나, OJT(On the Job Training, 직원 교육)에 필요한 해외 지사 방문 또는 지방 공장 견학을 메타버스로 진행하는 것이다. 미리 촬영된 영상을 보는 것보다 직접 궁금한 점을 물어보고 설명을 들을 수 있어 더 효율적일 것이다.

## 메타버스의 현재와 미래③ 메타버스로 추석 선물 특가전을?: 쇼핑몰과 이커머스

대형 마트에서 상품을 진열할 때 가장 신경을 쓰는 게 무엇일까? 바로 고객의 시선과 동선이다. 이를 위해 대형 마트는 글로벌 컨설팅 회사와 함께 고객과 직원의 동선을 파악하고 매장 판매와 효율성을 극대화하는 프로젝트를 진행하는데, 유통업 1위 기업인 이마트는 아예 MSV(Merchandising Supervisor) 부서를 별도로 둬서 상품 진열과 판매 기법을 연구하기도 한다. 이 부서의 전문 인력은 40여 명이다.

사람은 일반적으로 시계 반대 방향으로 쇼핑한다. 누가 시킨

것도 아닌데 대부분이 오른쪽으로 이동한다. 오른손잡이가 많기 때문이다. 아이스크림 등의 냉동식품을 매장 오른쪽에 배치하는 것도 상품이 녹지 않게 쇼핑 마지막 단계에 구매하도록 유도하기 위함이다. 고객의 시선을 파악하는 것도 중요하다. 가장 눈에 띄는 진열 구간을 말하는 '골든 존'은 성인이 똑바로 섰을 때 눈높이인 90~120cm에서 시선이 오래 머무는 오른쪽 공간을 말한다. 신상품과 마진률이 높은 제품은 전략적으로 이 골든 존에 진열된다. 또한, 식품 매장의 입구에는 보통 형형색색의 제철 과일이 높게 진열되어 있다. 신선한 식품을 보고 느끼는 구매 욕구를 높이기 위함이다. 연관 상품을 한데 모아 1인당 객단가를 높이는 것도 하나의 전략이다. 대형 마트는 생선 코너에 화이트 와인을, 편의점은 빵 옆에 우유를 진열한다. 이마트는 야채와 축산물, 수산물 코너에 미니 레시피북을 진열해 1년 만에 책 판매량을 10~15배 높인 바 있다.

그렇다면 섬 진열(독립 매대)은 무엇을 의미하는가? 섬 진열은 고객이 매장을 오래 돌아다니도록 하는 장치이다. 마트는 넓은 통로 사이사이에 사람들이 좋아하는 제품을 섬처럼 쌓아 징검다리 형태로 만들어 1+1이나 초특가 행사 상품을 진열한다. 열 걸음 정도 걸으면 나오게 만들어 꼭 사야 할 것을 찾아다니면서 더 소비하게 하는 것이다.

이마트의 섬 진열 상품들

같은 제품을 팔아도 10배의 매출을 올리는 비주얼 전략가 이랑주 박사는 저서《좋아 보이는 것들의 비밀》에서 고객의 발을 묶어두는 효과적인 진열과 레이아웃에 대해 다음과 같이 설명한다.

- 매장 밖에서도 잘 보이는 보물섬을 설치해 방문 예정이 없는 고객까지 유치하라.
- POP를 설치해 관심 상품을 쉽게 발견하게 하라.
- 매장의 연결 통로는 어릴 적 하굣길의 골목길처럼 유혹의 길이 되어야 한다.
- 유혹의 길 입구인 '엔드 매대'는 다른 매대에 비해 매출이 3~4배 높다. 이곳에 매력적인 상품이 있다고 느끼도록 진열하라.

• 매장의 주 통로와 연결 통로는 적절한 폭을 유지하고 일정한 간격마다 볼거리를 연출하라.

그렇다면 이러한 행동 경제학에 기반한 진열과 레이아웃을 온라인 쇼핑몰이 아닌 메타버스 쇼핑몰에도 적용할 수 있을까? 실제로 골프용품 회사인 위너스피릿은 게더타운에 입주해 브리뷰와 포스트잇 기능을 활용해 이미지를 전달하고 오브젝트에 상품 정보와 구매 링크를 연결해 운영하고 있다. 사람들은 아바타로 입장해 매장 안을 둘러보며 상품을 구입하기도 하고, 시간대별로 생성된 12시간 특가 판매 같은 이벤트에 참여하기도 한다.

게더타운의 위너스피릿 매장

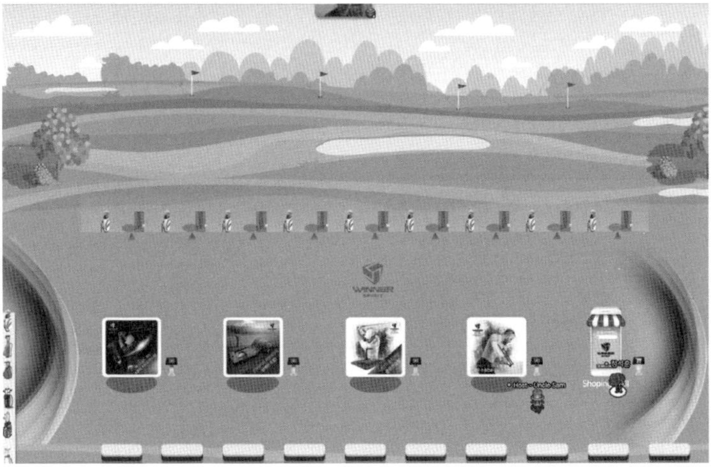

김민구 화백의 〈바람, 여름〉 전시회도 언급할 만하다. 메타버스 갤러리인 이곳은 작품 감상뿐 아니라 작품과 굿즈를 구매할 수도 있다. 갤러리&스토어 형태라고 할 수 있다. 오브젝트를 클릭하면 작품을 감상할 수 있다. 또한 하이마트는 가장 큰 연중 할인 행사인 '쎄일하마'를 게더타운에서 진행했고, 교보문고도 컴투스와 함께 메타버스 서점을 구축 중이다.

김민구 화백의 메타버스 갤러리 전시회

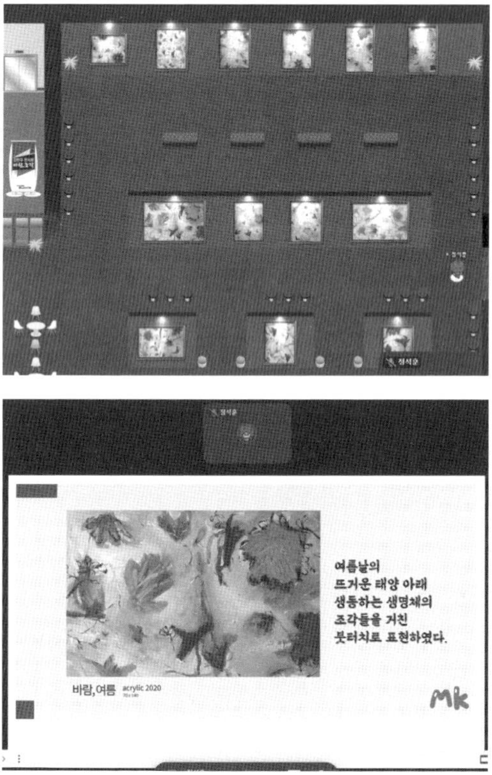

아직은 일부 쇼핑몰에서 부분적으로 도입하는 단계지만 효과가 검증되고 활용 사례가 늘면 이커머스의 새로운 사업 모델로 자리 잡을 것이다. 이마트의 MSV 팀이 상품의 진열이나 동선을 고민하듯, 메타버스 내에 구현된 쇼핑몰도 아바타의 동선과 시야를 계산해 효율적인 진열을 할 수 있으리라 생각한다. 다시 한 번 말하지만 메타버스의 진정한 힘은 확장성에 있다.

## 대표 메타버스 플랫폼 둘러보기: 게임형, SNS형, 업무형

메타버스는 로블록스나 마인크래프트 등의 게임 플랫폼을 통해 성장했으나 지금은 제페토와 이프랜드 등의 SNS 기반 플랫폼, 게더타운과 스페이셜 등의 가상 워크플레이스 플랫폼 분야로도 빠르게 확산하고 있다. 메타버스 플랫폼이 엔터테인먼트 중심 시장에서 경제 활동이 가능한 가상 생활 공간, 소통과 업무 공간으로 확장되고 있다는 건 중요한 포인트이며, 기업과의 브랜드 협업이나 각 기업의 마케팅 전략 수립에까지 활용되는 건 무척 고무적인 일이다.

브랜드 협업 사례로는 제페토와 현대자동차의 '제페토 쏘나타 N 시승', 제페토와 구찌의 '구찌 가든'을 들 수 있다. 제페토의 드라이빙 존에서 쏘나타 N 라인의 자동차를 골라 운전도 하고 셀프카메라를 찍거나, 이탈리아 피렌체에 있는 구찌 본사를 구현한 구찌 가든에서 명품 아이템을 구매하는 것이다. 현실에서 200만 원인 구찌 가방을 이곳에서는 3,000원에 구입해 아바타를 꾸밀 수 있다.

메타버스 가상 오피스를 운영하는 기업도 증가 추세다. 코로나 장기화로 재택근무가 늘면서 화상 회의로 소통하고자 하지만, 여전히 아쉬운 기능에 메타버스로 접점을 찾고자 하는 것이다. 이러한 메타버스 플랫폼을 '게임형 플랫폼, SNS형 플랫폼, 업무형 플랫폼'으로 나누어 설명하겠다. 각각의 플랫폼을 살펴보자.

### 게임형 플랫폼

게임 기반의 대표적인 플랫폼은 로블록스와 마인크래프트, 디토랜드다. SNS 기능도 활발하지만 이들 플랫폼 사용자의 1차 목적은 게임이다. 기업별 특징은 다음과 같다.

**• 로블록스**

가입자 수 10억 명 이상의 게임 플랫폼으로, 사용자가 직접 게임을 만들고 아이템과 업그레이드 콘텐츠를 파는 생태계가 구현되어 있다.

모든 콘텐츠와 아이템은 게임 내 화폐인 '로벅스'를 사용하며 현실적인 수익으로 연결되어 게임 개발과 아이템 판매로 연 1억 원 이상의 수익을 올리는 개인 개발자, 개인 비서를 두고 경제 활동을 하고 있는 사용자, 백만장자에 오른 10대 사용자도 있다.

**• 마인 크래프트**

가입자 수 2억 명 이상의 게임 플랫폼으로 레고 같은 네모난 블록 형태의 아바타가 활동한다.

정해진 목적과 스토리 없이 사용자 스스로 게임을 만들어 즐길 수 있으며 건축, 사냥, 농사, 탐험 등의 이벤트가 가능하다. 초등 코딩 교육에 많이 사용되고 있으며, 2011년 서비스를 시작한 후 2014년 MS가 3조 원에 인수해 성장했다.

• 디토랜드

2019년 창의적인 게임 개발자 및 콘텐츠 크리에이터에게 주는 '에픽 메가트렌드'를 수상한 플랫폼이다.

전문 지식이 없는 이용자도 자유롭게 콘텐츠를 만들어 공유할 수 있는 UCC 플랫폼으로 볼 수 있다. 수준 높은 게임 제작이 가능하여 고등 코딩 교육에 많이 사용되고 있으며, 2021년 100개의 게임 부스가 참여한 인디크래프트를 성황리에 개최한 바 있다.

## SNS형 플랫폼

최근 가장 많이 활용되는 플랫폼은 제페토, 이프랜드, 게더타운이다. 이 중 SNS형으로 분류되는 제페토와 이프랜드 플랫폼에 대해서 알아보자. 이들 모두 모바일만 지원한다.

• 제페토

제페토는 1883년에 출간된《피노키오의 모험》속 제페토 할아버지에서 착안한 이름으로, 모바일 전용 플랫폼이다. AR 얼굴 인식 기술과 3D 전신 인식 기술로 사용자의 얼굴과 행동을 아바타

가 모방할 수 있으며 이를 통해 사진이나 영상 제작이 가능하다. 최근 게임 기능을 강화하고 아이템을 직접 만들어 판매할 수 있는 제페토 스튜디오 기능도 추가되었으며, 거래에는 가상화폐 젬이 사용된다. 그 외에 빌드잇으로 가상 맵을 만들 수도 있는데, 기업과 지자체와 협업해 맵을 구현하거나 미션 플레이를 적용하는 경우가 많아졌다. 협업 사례로는 구찌와 현대자동차, 나이키, CU와의 협업이 있으며, 한국관광공사는 한강공원을 테마로 하여 국내외 사용자들에게 한국의 명소를 소개했다. '벚꽃 카페, 비치 타운, 교실, 점프 마스터' 등의 맵이 대표적이다.

현재 가입자 수는 2억 명 이상으로 해외 사용자가 90%, 10대 사용자가 80%를 차지하며, 음성과 채팅은 가능하지만 자료 공유는 불가하다. 관전 모드는 60명까지, 참여는 16명이 가능하다.

### • 이프랜드

이프랜드는 If와 Land의 합성어로 '만약이 실현되는 공간'이라는 의미다. '점프'라는 메타버스 플랫폼을 시범 운영

한 뒤 2021년 7월에 정식 오픈했으며, 3D 아바타 기반의 모바일 전용 메타버스 플랫폼이지만 PDF나 영상 공유가 가능하여 세미나와 행사 등에 유용하다. 제페토보다는 콘텐츠와 서비스가 부족한 편이지만 MS와 협력하여 MR(Mixed Reality, 혼합 현실) 캡처 스튜디오를 오픈하고 VR을 적용하는 등 공격적인 투자와 시도를 하고 있다.

현재 아바타를 꾸미는 아이템은 무료로 제공되고 있으나 연내에 사용자가 아이템을 직접 제작하고 판매와 구매가 가능한 마켓 시스템을 도입할 예정이다. 콘퍼런스 홀, 공원, 카페, 교실, 영화관 등 다양한 테마 공간을 선택할 수 있으며 콘퍼런스 홀과 교실에서는 PDF와 영상을 공유할 수 있다. 채팅은 불가하고 관전 모드는 131명, 참여는 30명까지 가능하며, 가벼운 토크쇼와 세미나에 주로 활용되고 있다.

### 업무형 플랫폼

대표적으로는 고전 게임 '바람의 나라'가 생각나는 이미지의 게더타운이 있다. 업무형 플랫폼은 언택트 강의나 콘퍼런스 등의 러닝 공간으로 많이 활용되며, 제페토나 이프랜드와는 달리 PC 기반의 플랫폼이다. 모바일 사용도 가능하지만 기능은 제한적이다. 같은 공간에 있는 아바타와 대화가 가능하며 현실 세계처럼 아바타가 가까워지면 대화 기능이 활성화되고 아바타가 멀어지면 접속이 끊어지는 방식의 스페이셜 오디오를 적용한 경우가 많다. 맵을 통해 각 아바타가 어디에 있는지 파악할 수 있으며 오브젝트에 영상과 이미지 등을 링크할 수 있어 언택트 학습과 교육 경험 설계에 유용하다. 게더타운을 비롯한 업무형 플랫폼을 소개한다.

**• 게더타운**

캘리포니아의 스타트업 '게더'가 만든 2D 아바타 기반의 가상 오피스 플랫폼으로 동료들과 협업할 수 있는 기능이 특화되어 있다. 가입자 수는 400만 명 이상이며, 비디오와 오디오, 실시간 채팅 서비스를 지원해 오피스와 강의실을 사용자가 원하는 대로 꾸밀 수 있다. 제페토와 이프랜드보다 자료 공유 기능이 유용해 교육 현장에서 가장 많이 활용되며, 음성과 화상, 채팅 기능이 있고 맵 제작이 용이하다. 개별 디자인 요소를 적용할 수 있는 게 특징이며 25명 이하는 무료, 그 이상은 인당 3달러, 월 7달러가 과금된다.

• **스페이셜**

3D, AR 기반의 업무 플랫폼으로 시각적 효과가 제공되어 사실감이 높다. VR 기능을 활용할 수 있으며 사용자의 사진을 이용해 실제에 가까운 아바타를 생성하지만 상반신만 구현한다는 게 특징이다. 회의와 콘퍼런스용으로 개발되었으나 교육, 놀이, 전시 용도로 확장되었으며 특정 가상 공간 내에서 이미지와 문서, 메모, 3D 아이템을 배치하는 등의 자료 공유가 가능하다.

• **버벨라**

미국 이엑스피월드홀딩스의 자회사로 2012년에 설립된 플랫폼이다. 3D 기반으로 실재감이 높고 같은 공간에 있는 인원만 대화할 수 있는 프라이빗 기능을 지원하며, PPT, PDF, 영상 등을 복수로 공유할 수 있다는 게 특징이다.

- **인게이지**

전시회와 공연 등의 행사에 최적화한 플랫폼이다. 허공에 그림을 그릴 수 있는 3D 펜이나 VR 도구를 활용하여 실감 나는 활동을 구현할 수 있으며 부스별로 홍보관, 전시관 등을 연출할 수 있다. 발표 자료와 영상도 공유할 수 있다.

Part 7.

# 이미 도착한 미래, 메타버스 사례를 한번에!

# 메타버스 활용 방안

이번 장에서는 메타버스의 다양한 활용 방안을 제안하고, 실제 기업과 조직에서 진행했던 사례를 플랫폼별로 소개한다. 참석자들에게 어떤 경험과 효과를 기대하며 디자인할지 생각하며 따라온다면 많은 것을 얻으리라 생각한다. 활용 방안은 모두 게더타운을 기준으로 작성했다.

## 아이스 브레이킹 및 팀 빌딩 적용 사례 5

### 메타버스 OX 퀴즈

**| 진행 개요 |**

가장 간단하게 진행할 수 있는 아이스 브레이킹 게임으로 행사의 목적에 맞는 OX 퀴즈를 구성해 행사의 취지를 자연스럽게 이해시킨다.

**| 맵 구성 및 사전 준비 |**

게더타운 맵에 O, X, 탈락자 존을 구성한 다음 상식이나 난센스, 행사의 취지와 관련한 문제를 준비한다. 예를 들어 채용 설명회라면 해당 기업의 관련 심사 문제를 출제하는 식이다.

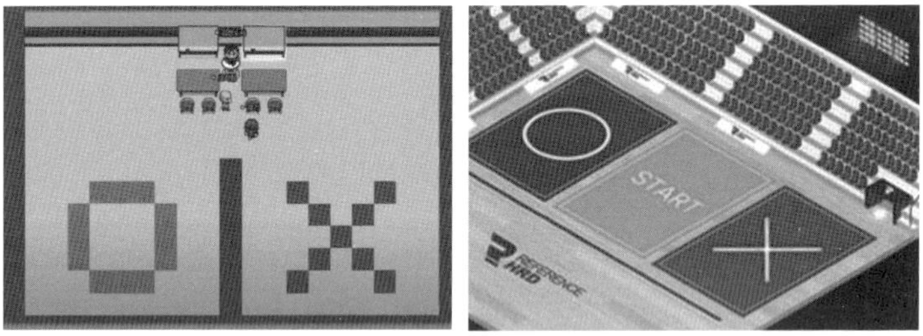


다양한 OX존

**| 진행 방법 |**

1) O, X, 탈락자 존에 대해 소개하고, 탈락에 대해 규정한다.
2) 각 문제마다 O와 X의 선택 시간을 제공하고 남은 5초를 카운트한다.
3) 정답을 알려주고 틀린 답을 낸 참석자는 탈락자 존으로 이동

시킨다.

4) 최종 정답자가 나오면 우승 소감이나 답을 맞힌 노하우를 발표하게 하고 마무리한다.

### 나의 부캐 단짝을 찾아라!

**| 진행 개요 |**

처음 만난 참가자들과의 어색함을 깨고 공통점이 있는 참가자를 찾아 동질감을 형성한다.

**| 맵 구성 및 사전 준비 |**

부캐를 찾아라 검사 도구(https//avatar.kinolights.com/)를 준비한다. MBTI 성향 검사 도구(https//www.millie.co.kr/h4/MBTI/)를 준비해도 좋다.

**| 진행 방법 |**

1) 검사가 가능한 사이트를 공유해 개별로 부캐를 찾고 스마트폰에 캡처하도록 한다.
2) 참석자들에게 5~10분의 시간을 주고 본인과 같은 부캐의 참석자를 찾게 한 뒤, 공통의 관심사 키워드 하나를 찾게 한다.

3) 부캐 단짝과 함께 스크린샷을 찍게 한다.
4) 최종적으로 가장 많은 부캐 단짝을 찾은 사람에게 시상한다.
5) 스크린샷과 함께 공통의 관심사를 발표하도록 하고 마무리 한다.

### 메타버스 이웃사촌을 찾아라

**| 진행 개요 |**

처음 만난 참가자들과의 어색함을 깨고 공통점이 있는 참가자를 찾아 동질감을 형성한다.

**| 맵 구성 및 사전 준비 |**

네이버 맵이나 카카오 맵 앱을 준비한다.

**| 진행 방법 |**

1) 참석자들을 최대한 많이 만나게 해 사는 곳을 물어보게 한다(예를 들면 정자동).
2) 본인과 가장 가까이 사는 참석자를 찾게 한다.
3) 가장 가까운 곳에 사는 참석자라 생각되면 네이버맵이나 카카오맵을 열어 동사무소를 기준으로 자동차 거리를 확인하게 한다.

4) 거리를 스크린샷으로 남기고 찾은 참석자와 인증샷을 남기도록 한다.
5) 본인이 만난 최소 거리 참가자는 누구인지 채팅으로 남기게 하고 가장 가까운 참석자 커플에게 시상한다.

### 메타버스 랜선 회식

**| 진행 개요 |**

언택트 과정에서 조원 간의 네트워킹이 부족한 경우에 랜선 회식을 통해 교제 시간을 제공한다.

**| 맵 구성 및 사전 준비 |**

조원들끼리 모일 수 있는 프라이빗한 공간을 마련하고, 최소 한 시간 전에 음식을 준비할 수 있도록 안내한다. 배달 앱을 활용하도록 하는 것도 좋다. 랜선 회식 진행 후에는 개인 휴식 시간을 충분히 제공하자.

**| 진행 방법 |**

1) 회식 시간, 식사 준비 요청, 진행 취지 등을 소개한다.
2) 메뉴가 나오도록 단체 사진을 촬영하는 미션을 부여한다.
3) 랜선 회식 후 몇몇의 참가자를 지정해 회식 메뉴와 랜선 회

식에 대한 소감을 공유하게 하고 마무리한다.

### 오징어 게임, 무궁화꽃이 피었습니다

**| 진행 개요 |**

넷플릭스 인기 드라마 '오징어 게임'을 패러디한 아이스 브레이킹 게임으로 참석자 간에 교제 시간을 제공한다.

**| 맵 구성 및 사전 준비 |**

1) 술래가 있는 공간과 참석자들이 시작하는 공간을 구분하여 맵을 만든다. 술래의 자리에 오징어 게임 속 술래 인형 이미지를 오브젝트로 하면 효과적이다.
2) 임파서블 장애물을 설치해 앞으로 나아가지 못하게 하거나, 포털 장애물을 설치해 만나면 출발선으로 되돌아가게 설정한다.
3) 중간중간 포털 장애물을 만들어서, 장애물을 만나면 출발선으로 되돌아가게 설정한다. 참석자의 집중도를 높일 수 있다.

**| 진행 방법 |**

1) 술래에게 들키지 않고 도착지까지 찾아오는 게임 방법을 소

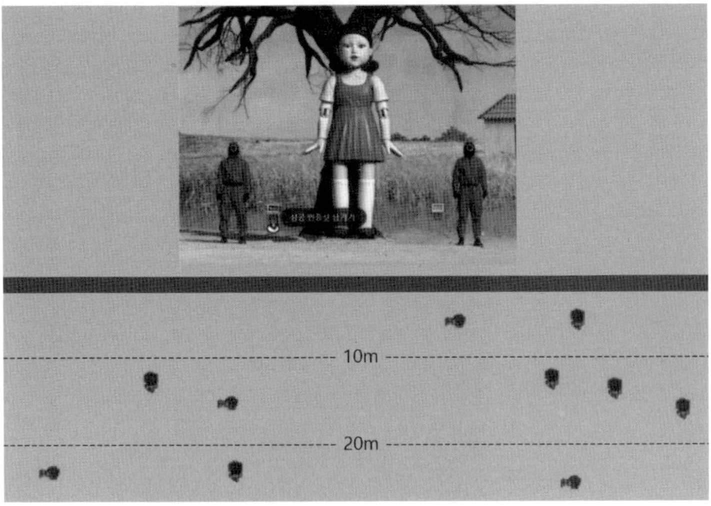

빈 공간에 임파서블과 포털 기능을 넣은 게임 이미지

개하고, 오는 길에 보이지 않는 장애물을 설치해 두었음을 안내한다.

2) 두 가지 방법으로 진행할 수 있다. 첫째는 육성으로 '무궁화 꽃이 피었습니다'라는 말이 끝났을 때 움직인 참가자는 출발선으로 돌아가게 하는 것이고, 둘째는 임파서블 장애물이나 포털 장애물을 많이 만들어 목적지까지 가기 어렵게 만드는 것이다. 장애물이 많아 출발선으로 반복해서 돌아가게 된다.

3) 조원들이 모두 결승점에 도달하면 우승이다.

## 미션 중심 콘텐츠 적용 사례 4

### 메타버스 미션 방 탈출

**| 진행 개요 |**

메타버스 오브젝트에 이미지나 텍스트 등을 연계한 단서를 심어 조별로 답을 찾아가게 한다.

**| 맵 구성 및 사전 준비 |**

최종 미션 달성을 위한 문제와 미션지를 제작하고, 오브젝트에 구글 독스나 퀴즈앤 등의 설문 도구, 단서 제공용 이미지와 텍스트 자료를 링크한다. 힌트뿐 아니라 MBTI 등의 재미 요소를 추가하는 것도 집중도를 높인다.

**| 진행 방법 |**

1) 미션 성공 조건과 단서 습득 방법을 안내한다.
2) 조원이 모두 모인 조에 '미션 시작'이라는 채팅을 남기도록 안내하고 준비가 끝난 조에게 미션 링크를 제공한다.
3) 조별 진행 상황을 확인하고 너무 느린 조에게는 일부 힌트를 제공한다.
4) 조별 상황을 채팅과 전체 안내 등으로 중계한다.

맵 구석구석에 숨겨진 방 탈출을 위한 오브젝트

청와대에서 폭탄 해체를 위한 단서 찾기

5) 우승한 조에게 시상하고 마무리한다.

### 선택형 세미나

**| 진행 개요 |**

참석자가 원하는 부스에서 전문가와 상담하거나 세미나 또는 콘퍼런스에 참가하도록 한다. 전문가와의 대화 콘텐츠 활용으로 볼 수 있다. 참석자가 스스로 세션을 선택할 수 있어 안정적인 프로그램 운영이 가능하며, 직무뿐 아니라 평소 관심 있는 회사 부스에서 이야기를 나눌 수도 있다.

**| 맵 구성 및 사전 준비 |**

상담회 부스나 전문가 세션마다 프라이빗 기능을 설정해 같은 공간에 있는 참가자끼리 화상 회의가 가능하도록 한다. 세미나 관련 참고 자료 제공은 선택 사항이지만 부스나 세션에 오브젝트로 연결해 두면 좋다. 참석자들이 자유롭게 열람하도록 한다.

**| 진행 방법 |**

1) 오리엔테이션이나 행사장 입구에 진행 시간과 장소 등에 대해 자세히 안내한다. 진행 시간이 명확한 세미나의 경우에는 각 진행 세션에 마치는 시간을 표시해야 한다(게더타운 특

성상 참석자 컨트롤이 어렵다).

2) 세션 상담이 끝나기 10분 전에 마치는 시간을 한 번 더 알린다.

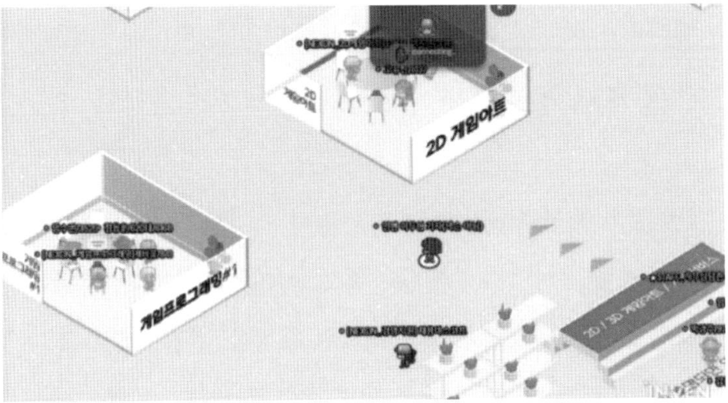


전문가와 상담할 수 있는 채용 설명회

세미나 자료 열람

## 전문가 추천 영상 큐레이션 존

**| 진행 개요 |**

메타버스 내에서 참석자들에게 도움이 되는 영상을 선별해 콘텐츠 큐레이션을 제공한다.

**| 맵 구성 및 사전 준비 |**

영상 존을 만들어 오브젝트에 영상을 링크한다. 영상 제목을 공유하기보다 '○○○ 추천 영상'이라는 제목을 달아 두면 효과적이다. 그리고 패들릿을 이용해 소감을 남길 페이지를 제공한다.

전문가 추천 영상 큐레이션

**| 진행 방법 |**

1) 진행 취지 및 영상 시청 방법에 대해 소개한다.

2) 패들릿 페이지를 링크하고, 영상 시청 후 가장 인상 깊은 장면을 캡처한 뒤 소감을 남기게 한다.

### 산책길 셀프 리플렉션

**| 진행 개요 |**

언택트 교육 과정 마지막에 자신을 성찰하고 향후 실천 계획을 세울 수 있는 공간을 제공한다. 산책 영상, ASMR 영상 등을 활용해 간접 경험 기회를 줄 수 있다.

**| 맵 구성 및 사전 준비 |**

바다, 계곡, 캠핑장, 숲 등의 콘셉트로 맵을 구성하고 1인칭 시점으로 산책하는 느낌을 주는 유튜브 영상을 링크한다. 그리고 패들릿을 활용해 산책을 하며 느낀 점을 남기도록 한다.

**| 진행 방법 |**

1) 진행 취지와 산책 영상 활용 방법을 소개한다.

2) 과정 전반을 돌아보고 실천 계획을 세우는 것이 목표임을 인지시키고 성찰을 위한 질문을 제공한다.

# 기업별 메타버스 플랫폼 활용 사례

메타버스 플랫폼은 전 산업과 많은 기업에서 도입해 활용되고 있다. 기업에서는 채용 설명회와 면접, 신입 사원 교육, 기념일 행사 등을 메타버스 플랫폼으로 진행하고 있으며, 대학은 신입생 환영회를, 공공기관에서는 시상식이나 콘퍼런스, 포럼 등을 진행한다. 그리고 이미 그 성과를 공유하고 활용도 또한 높이고 있는 실정이다. 이번에는 이러한 메타버스 플랫폼을 이용한 활용 사례를 살펴보자.

### 게더타운을 이용한 신입 사원 교육

롯데, LG 디스플레이, LG CNS, LG 화학, SK C&C, 국민은행이 신입 사원 교육을 진행했다. 동기애를 강화하기 위해 OX 퀴즈, MBTI, 방 탈출 등의 팀 빌딩 활동, 선배와의 만남 등의 선택식 세미나를 활용했다.

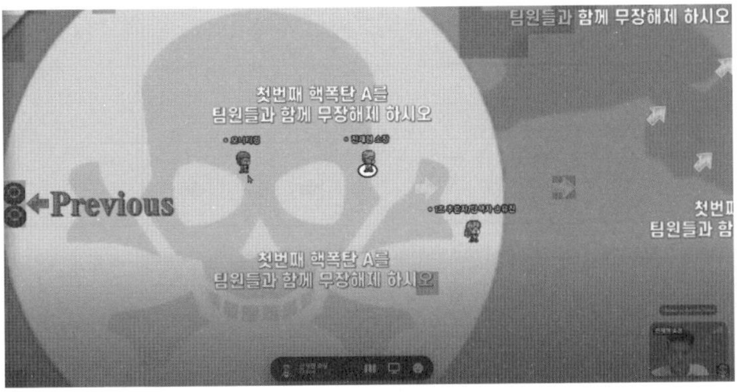


방 탈출 게임이 적용된 신입 사원 교육 *출처: JJ creative

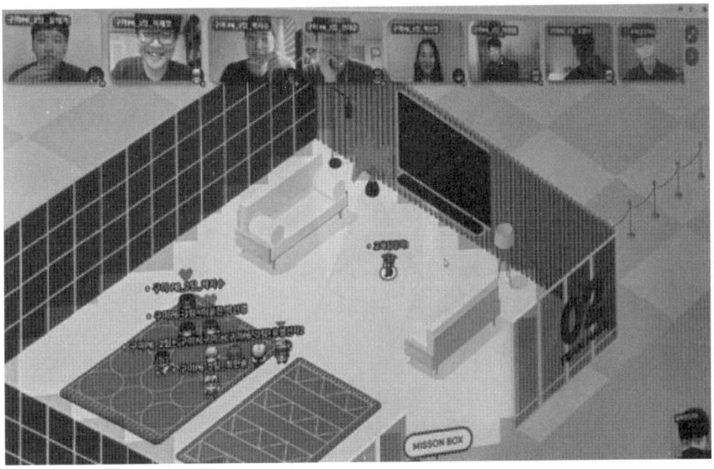


LG 디스플레이 신입 사원 교육

## 게더타운을 이용한 메타버스 비즈니스 인사이트 도출 워크숍

최근 현대 글로비스는 임원을 대상으로 메타버스 이용과 미래 비즈니스 적용을 위한 인사이트 도출을 위한 워크숍을 진행했다. 피렌체의 현지 가이드와 실시간으로 연계해 메타버스 라이브 투어를 진행했으며 공사로 방문하지 못하는 명소는 사전에 촬영한 영상으로 소개해 다양한 메타버스를 체험하도록 했다. 그 외 메타버스 쇼핑몰과 메타버스 오피스를 경험하게 하고, 김민구 화백 갤러리 등을 소개해 메타버스 사용 사례와 활용 방안을 논의, 미래 전략을 세울 수 있도록 했다. 맵은 글로벌 종합물류 기업 이미지에 맞게 맵을 항만 시설 콘셉트로 구현했다.

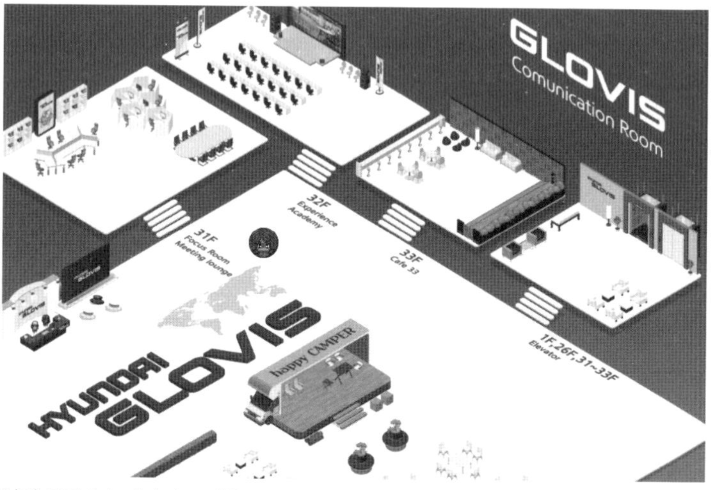

현대 글로비스 메타버스 사옥 *출처: 샘소타 HRD

현대 글로비스 메타버스 맵

## 게더타운을 이용한 채용 설명회와 면접

게더타운은 채용 설명회를 열기에 최적의 플랫폼이다. 이에 넷마블, 롯데건설, LG CNS, LG 이노텍, CJ ENM, 하이네켄, LS그룹이 채용 설명회를 개최했고, 롯데푸드, 코리아 세븐은 채용 면접을 치렀다. 채용 설명회는 회사와 채용 프로세스를 소개하는 설명회와 궁금한 점을 직접 물어볼 수 있는 상담회로 구성했으며, 각 부스에서 현직자가 대기하고 참석자가 직접 방문해 상담받는 식으로 진행되었다. 또한 그룹사는 계열사 세션을 따로 두는 세심함을 발휘하기도 했으며, 채용 면접은 인턴십과 대학생

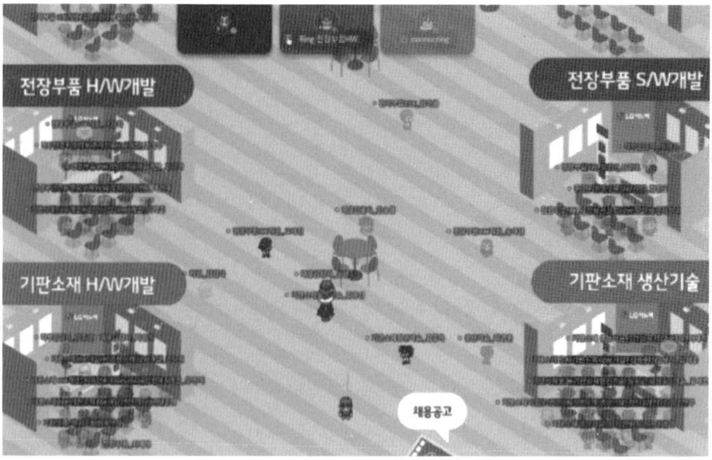

LG 이노텍 채용 설명회

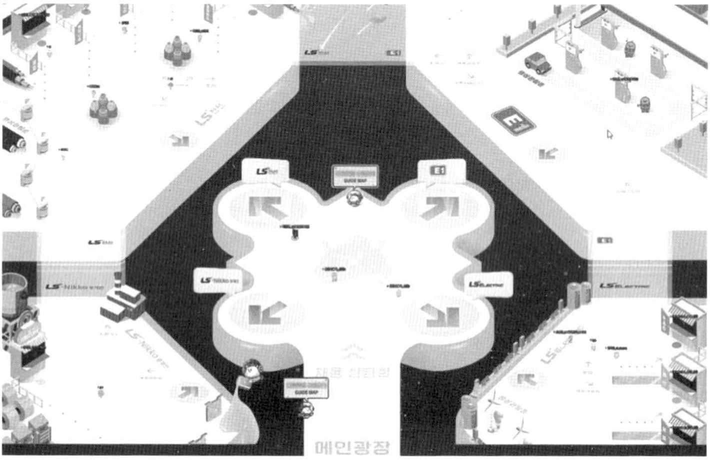

계열사 세션을 마련한 LS그룹

서포터스 면접 등 다양한 전형을 진행했다.

## 게더타운을 이용한 콘퍼런스와 포럼

코스콤에서는 THE창업가 콘퍼런스를 게더타운에서 개최했다. 구체적으로 1부는 유튜브 라이브로 오프닝 및 패널 토크를, 2부에서는 게더타운에서 스몰토크와 전시 부스 관람, 다양한 미션 활동을 진행했다. 미션 활동은 오브젝트에 숨겨진 힌트를 찾아 정답을 맞히는 별별 퀴즈 미션을 했고, 퀴즈 문제지는 구글 폼을 활용했다. 퀴즈를 많이 풀수록 점수를 획득할 수 있게 설계했으며, 그 외에 OX 퀴즈, 포토 존 등의 다양한 즐길 거리를 제공해 흥미를 유발했다. 그리고 영상 존에서는 뛰어난 창업가 인터뷰 영상을 제공했다.

퀴즈 미션 존과 OX 퀴즈 존으로 이동할 수 있는 공간 *출처: 코게더

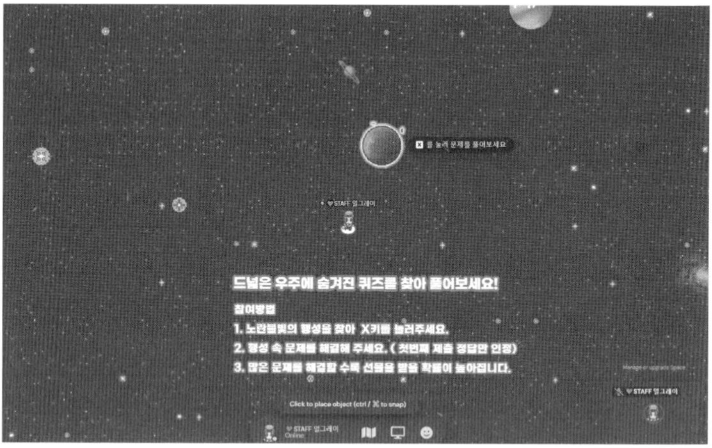

별별 퀴즈 미션 공간

### 게더타운을 이용한 시상식

삼성전기와 부천국제판타스틱영화제에서 게더타운을 이용해 진행한 시상식이다. 출품작에 대한 화면을 공유한 다음 함께 시청하고 시상 결과를 발표하는 형태로 진행되었다.

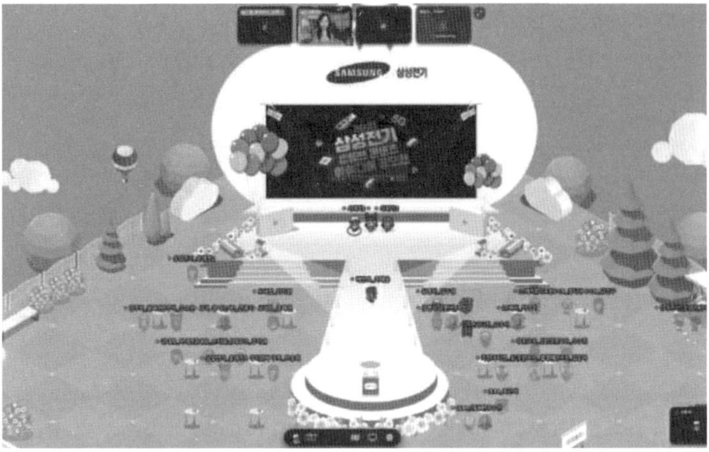


삼성전기 유튜브 공모전 시상 무대

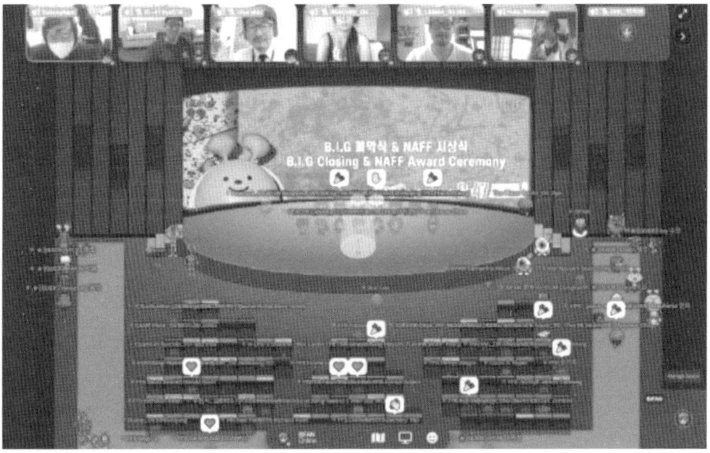


부천국제판타스틱영화제 시상식

## 게더타운을 이용한 기업 채용 박람회

많은 기업이 서울대학교, 연세대학교, 고려대학교, 서강대학교, 성균관대학교, 한양대학교 6개 대학의 대학생을 대상으로 게더타운을 이용해 기업 채용 박람회를 열었다. 채용 설명회는 기업이 자사를 알리는 게 목적이지만 채용 박람회는 다수의 기업

S-OIL의 채용 박람회 부스

LG 인화원 주최의 기업 박람회

이 자사를 소개한다는 차이점이 있다. 이에 다양한 업체와 참석자를 위한 세심한 가이드가 필요하며, 사전 기획과 안정적인 운영은 필수다. 6개의 대학교를 대상으로 한 채용 박람회는 각 직무별로 참석자가 상담을 받을 수 있도록 구성했으며, 참가자는 상담을 받으려면 상담 카드를 작성하고 차례가 될 때까지 기다려야 한다.

### 게더타운을 이용한 창립 기념일 행사

DL그룹과 샌드박스, 본그룹은 게더타운을 이용해 창립 기념일 행사를 치렀다. 다수의 인원이 참여하는 행사의 경우에는 전체 행사장뿐 아니라 개별로 즐길 수 있는 다양한 콘텐츠가 필요하므로 각종 이벤트를 기획해 구현하면 좋다. 그리고 회사의 역

DL 이엔씨의 명예의 전당 *출처: 레퍼런스 HRD

다양한 콘셉트의 이벤트 구성

사를 돌아볼 수 있는 갤러리나 영상 존을 구현하는 것도 효과적이다. DL 이앤씨의 경우에는 '명예의 전당'을 구성해 기업의 역사를 보여줄 수 있는 공간을 만들어 긍정적인 효과를 거두었다.

### 게더타운을 이용한 기업 홍보관

최근 LG CNS가 게더타운을 이용해 기업 홍보관을 마련했다. 참석자들에게 기업을 소개하는 측면에서 채용 설명회와 비슷하지만 상시로 오픈되는 공간이라는 특징이 있으며, 수시로 들어오는 참가자가 홍보관을 둘러보며 정보를 얻을 수 있도록 영상과 회사 소개 자료, 솔루션 등을 오브젝트에 연결하고 이벤트 등의 흥미로운 요소를 추가해 설계했다.

오브젝트에 연결한 기업 솔루션

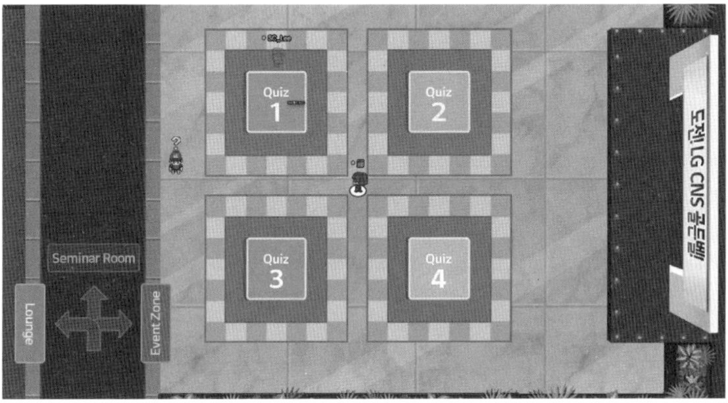


기업에 관한 퀴즈나 이벤트 삽입

## 게더타운을 이용한 교회 수련회

CCC, 서울 혜성교회, EMT선교회에서 진행했으며 조별 또는 소규모 그룹 모델을 도입해 이야기할 주제와 가이드를 명확히 안내했다. 악기와 장비가 필요한 찬양 시간이 있는 경우 유튜브 라

CCC의 여름 수련회

이브 영상을 이용했다. 특히 기독 동아리 CCC의 여름 수련회는 전국의 지부가 모이는 규모인 만큼 지부별 모임을 할 수 있는 공간을 따로 구성하고, 활동과 모임 준비를 다채롭게 준비했다.

### 게더타운을 이용한 문화·예술 박람회

부산세계시민축제, 문화예술인 박람회에서 진행한 행사로 나라별·주제별 부스를 따로 마련해 영상 자료를 제공하거나 담당자가 소개하는 방식으로 진행되었다. 축제이기 때문에 다양한 이벤트가 기획되었으며, 부산세계시민축제의 경우 게더타운에 누리마루 APEC 하우스를 그대로 재현해 큰 호응을 얻었다. 외부에는

누리마루 APEC 하우스

세계문화 전시 부스

토크 룸

고민 상담소 *출처: 스타트허브(주)

세계문화 체험 부스를 설계해 케냐, 베트남, 몽골, 인도 등 각 나라의 음식과 춤을 경험할 수 있게 했으며, 내부에는 콘퍼런스 룸, 클래스 룸, 토크 룸, 고민 상담소 세션을 설치해 선택해 입장할 수 있게 해 국내 외국인 거주자를 위해 체류, 법률, 노무 상담을 언어별로 상담할 수 있게 한 것도 인상 깊다. 또한, 토크 룸의 강단에는 임파서블 기능을 넣어 강단에 연사만 오를 수 있게 했다.

## 이프랜드를 이용한 토크쇼와 간담회

김미경 토크쇼, SKT 기자 간담회가 이프랜드에서 개최되었다. 김미경 토크쇼의 경우 '코로나 시대 리부트'라는 주제에 맞춰 메타버스 플랫폼을 이용했으며, 사용자가 자유롭게 아바타로 입장해 강연을 들을 수 있다. 실제로 김미경 토크쇼는 130명 정원을 꽉 채울 정도로 인기가 많았으며, 특강이 끝난 후 아바타들이 자

김미경 토크쇼

SKT 기자 간담회

유롭게 즐길 수 있다는 점에서 호응이 높았다. 또한, SKT 기자 간담회에서는 유영상 MNO 대표를 비롯한 담당자들이 다양한 아바타로 입장해 메타버스 플랫폼의 성장에 대해 이야기하는 등 이색적인 볼거리가 연출되었고, 메타버스 시장에 대한 포부를 들을 수 있었다. 채팅 기능이 없기에 외부 사이트를 연동해 치러진 게 특징이다.

### 이프랜드를 이용한 랜선 콘서트

코로나19로 공연과 콘서트가 축소되면서 뮤지션들이 모여 랜선 콘서트를 열기도 했다. 이프랜드와 유튜브 라이브로 동시 중개한 것이 특징이다.

인디밴드 랜선 콘서트

### 이프랜드를 이용한 대학 입학식

순천향대학교는 코로나19로 대면 입학식이 힘들자 이프랜드에서 입학식을 치렀다. 57개 학과 2,500명의 학생이 과 점퍼를 입고 입장했으며, 입학생 선서와 총장님 인사말 등의 오프라인에서

순천향대학교 입학식

즐길 수 있는 요소가 그대로 구현되었다. 실시간 화상 회의 기능은 없지만 사전 촬영된 영상을 활용해 현장감을 높일 수 있다는 게 장점으로 꼽혔다.

## 이프랜드를 이용한 채용 설명회

SKT, 인크루트, 남부발전이 이프랜드를 이용해 채용 설명회를 개최했다. SKT는 대학 졸업 예정자와 3년차 미만 경력자를 대상으로 아바타로 입장해 일대일 상담 서비스를 선보였고, 인크루트는 채용 설명회와 OJT를, 남부발전은 본사와 본부 체험형 인턴 100명을 대상으로 했다. 이 외에 많은 기업이 채용 설명회와 면접까지 메타버스 플랫폼을 활용하고 있는 실정이다.

SKT 채용 설명회

### 이프랜드를 이용한 심야 상영회

부천국제판타스틱영화제에서 연 행사로, 이프랜드에서 영화를 상영한 후 감독과의 대화를 할 수 있도록 했다. 늘 진행해 오던 심야 영화를 코로나19로 할 수 없게 되자 최근 이프랜드 플랫폼으로 다시 시작한 것이다. 아바타로 참석해서 아바타로 참석하는 감독과 배우, 제작진을 만나 토크를 할 수 있다는 것도 흥미로운 요소다.

부천판타스틱영화제 심야 톡

### 제페토를 이용한 신입 사원 교육

하나은행, 네이버, 현대모비스가 제페토 플랫폼을 이용해 신입 사원 교육에 나섰다. 하나은행은 제페토에 하나글로벌 캠퍼스 연

하나글로벌 캠퍼스

하나은행 멘토링 수여식

수원을 그대로 구현해 호응을 얻었으며, 네이버도 가상 사옥 투어를 진행했다. 특히 현대모비스는 신입 사원을 대상으로 조별로 제페토의 인기 장소를 자유롭게 체험하고, 비대면 랜선 여행 프로그램을 이용할 수 있게도 했다.

## 제페토를 이용한 간담회

젊은 층에서 사용 빈도가 높은 메타버스 플랫폼을 최근에는 50대 간부급도 이용하는 추세다. 이에 과학기술정보통신부의 장관 간담회도 제페토에서 열렸으며, 가상 회의장에서 장관이 청년들의 의견을 청취하는 방식으로 진행되었다.

과학기술정보통신부 간담회

## 제페토를 이용한 기업 홍보

하나카드는 제페토 안에 구현한 하나카드월드 기업 홍보관을 마련했다. 화려하고 세련된 제페토 아바타에 맞춰 섬세하게 만들어졌으며, 공간에 보물 상자 배지를 찾아 인증샷을 남기면 경품

하나카드월드 기업 홍보관

을 주는 이벤트 등을 진행해 흥미를 높였다.

### 제페토를 이용한 기업 상품 소개 및 미션 플레이

현대자동차, 구찌, CU 등에서 진행했으며, 현대자동차는 쏘나타 신차 출시 기념으로 미션 플레이 공간을 만들고 시승할 수 있게 했고, 구찌는 2021 S/S 컬렉션 아이템 60여 종을 공개했다. 구찌 아이템 모두 아바타를 꾸밀 목적으로 사용되지만 실제 명품 아이템과 동일하며, 가상화폐 젬을 이용해 1,000~4,000원 정도면 살 수 있다.

구찌의 2021 S/S 컬렉션

현대자동차의 미션 플레이

## 버벨라를 이용한 해커톤

LG화학은 최근 '이엑스피월드홀딩스'의 자회사 버벨라(VirBELA)의 플랫폼을 이용해 혁신 아이디어를 발굴하여 발표하는 해커톤을 개최했다. 혁신 아이디어를 사업 본부별 상품 기획 담당자 앞에서 발표하는 형식으로 진행되었으며, 버벨라는 특정 공간에 있는 사람들과만 소통할 수 있는 프라이빗 기능과 자료 공유, 채팅이 가능해 해커톤에 적합한 플랫폼으로 인정받았다.

LG 화학의 해커톤

### 디토랜드를 이용한 창립 기념 박람회

tvN은 창립 15주년을 맞이해 디토랜드 플랫폼에서 창립 기념 박람회를 개최했다. 부스별로 TV 프로그램의 역사와 시청률을

tvN 즐거움랜드

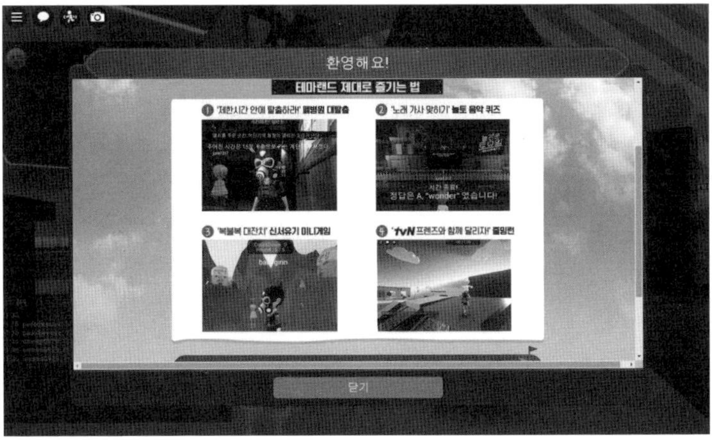


tvN 즐거움랜드 속 게임

볼 수 있게 하고, 다양한 게임을 연결해 다양한 즐거움을 제공했다는 평이다. 디토랜드에 설립된 tvN 즐거움랜드는 국내 최초 테마파크형 메타버스로 관심이 집중되고 있기도 하다.

### 스페이셜을 이용한 리더 북 클럽

LG CNS에서 진행한 리더 북 클럽이다. 스페이셜 플랫폼은 다양한 방식의 자료 공유 및 메모지 부착 기능이 특화해 있어 북 클럽 활용에 용이하다.

LG CNS의 리더 북 클럽

### 인게이지를 이용한 도서관 시상식과 창립 기념행사

테크노파크 기념 행사와 도서관 시상식이 인게이지 플랫폼을 이용해 치러졌다. 인게이지 플랫폼은 아바타를 정교하게 조정할 수 있다는 특징이 있다.

테크노파크 기념행사

도서관 시상식

## 메타버스는 메가트렌드일까, 일시적 유행일까? NFT와 XR

많은 사람이 메타버스를 인터넷과 스마트폰에 이은 제3의 IT 혁명이라고 말하지만, 일시적인 유행이며 곧 지나갈 트렌드라 주장하는 사람도 적지 않다. 과연 메타버스는 메가트렌드일까, 유행일까? 이를 논하기 전에 메타버스와 관련한 두 가지 중요한 개념을 짚고 넘어가는 것이 좋겠다.

첫째는 NFT(Non-fungible token)다. NFT는 블록체인에 저장된 데이터 단위를 의미하는데, 이는 디지털 데이터에 소유권 증명을 가능하게 한다. 디지털 형태의 사진, 비디오, 오디오 등의 파일에 소유권을 부여함으로써 현실 세계의 명품 인증과 같은 효과를 낸다. 즉, 디지털 아트와 수집품, 게임 내 재화, 음악, 필름 등의 사본을 만들 수 없는 유일한 디지털 자산이 탄생한다. 그렇다면 메타버스에 NFT는 왜 중요할까? 메타버스와 NFT가 결합하면 디지털 세상인 메타버스 내의 토지와 건물 등의 자산, 게임 아이템 등을 소유하고 암호 화폐 등으로 수익을 창출할 수 있게 된다. 메타버스가 현실과 긴밀하게 연계되고 지속적인 가치 창출이 가능한 실제적 영역으로 자리매김하게 되는 것이다.

둘째는 XR이다. VR과 AR은 많이 들어봤겠지만, MR(Mixed Reality)과 XR은 생소할 것이다. 앞서 이야기했듯이 VR은 컴퓨터로 구현한 가상 현실을 의미한다. 영화 〈마이너리티 리포트〉나 〈레디 플레이어 원〉에서 볼 수 있는 실재감 있는 가상 현실을 생각하면 된다. AR은 증강 현실로 포켓몬 고를 생각하면 된다. 그리고 MR은 복합 현실로, VR과 AR이라는 시각적 현실에 청각과 후각의 감각이 포함된 세계를 말한다. 그렇다면 XR은 구체적으로 무엇일까? 바로 VR, AR, MR을 포함한 가상의 확장된 현실, 즉 컴퓨터와 상호 작용하며 만들어지는 복합적인 가상 현실 공간을 통칭한다. 그렇다면 메타버스에서 XR은 왜 중요한가? 메타버스는 현재 XR 기술을 활용하여 기존과는 질적으로 다른 가상 현실 경험을 제공하고 있다. 예를 들어, 스페이셜 플랫폼은 VR 기능을 지원하면서 촉각적 경험이 가능하다. 직접 보고 대화하며 만지고 느낄 수 있다면 사람을 대면할 필요가 있을까라는 생각까지 들 정도다.

즉, 누군가가 나에게 메타버스가 메가트렌드인지 일시적 유행인지를 묻는다면, '메타버스는 이미 메가트렌드의 조건을 갖추었다'라고 답할 것이다. NFT라는 경제 창출 요인을 갖추고, 가상 현실을 더욱 실감나게 만들 XR과 함께라면 파급력은 갈수록 커질 것이다. 다시 한 번 말하자면, 메타버스의 진정한 힘은 확장성에 있다.

## 전문가 인터뷰 2. 메타버스 기획 전문가 박준형 대표

**Q. 안녕하세요. 소개 부탁드립니다.**

A. 안녕하세요, 저는 기업교육 회사인 ㈜레퍼런스 HRD를 운영하고 있는 박준형 대표입니다. 온·오프라인 교육 기관에서 경력을 쌓다가 2016년에 창업한 이후로 HRD 관련 일을 하고 있습니다. 2019년까지는 오프라인 위주로 사업하다가 2020년에 코로나 직격탄을 맞아 남들보다 조금 빠르게 비대면 교육 체제로 전환하였고, 올해는 메타버스 붐에 올라타 메타버스 플랫폼인 게더타운을 주로 이용해 다양한 교육 사업을 진행하고 있습니다.

**Q. 현재 메타버스 플랫폼을 이용해 다양한 기획과 시도를 하고 계신데요. 메타버스에 뛰어든 계기가 있으셨나요? 어디에서 가능성을 보셨는지 궁금합니다.**

A. 작년부터 줌과 같은 화상 회의 툴을 이용한 비대면 교육 서비스를 제공하면서 교육 효과성과 효율성에 대한 고민이 있었어요. 어느 정도 검증은 되었지만 뭔가 아쉽더라고요. 오프라인 교육에서 느낄 수 있는 생동감과 공간감이 그리웠다고 해야 할까요? 그러다가 2020년 초에 우연히 접한 게더타운에서 이러한 아

쉬움을 채울 수 있는 실마리를 발견했습니다. 목적과 콘셉트에 맞는 공간을 구축하고, 그 안에서 나를 대신해 주는 아바타가 다양한 활동에 참여하는 것을 보고 '이거다' 싶었죠. 게다가 게더타운은 다른 메타버스 플랫폼과는 달리 화상 회의 기능, 쉽고 강력한 맵 에디터 제공, 대규모 인원 참여 가능, PC 환경 기반, 별도 클라이언트 설치 없이 웹 브라우저에서 구동할 수 있다는 장점이 있어서 기업 교육 환경에 최적의 플랫폼이라는 판단이 들었습니다. 그래픽이 약점이긴 하지만 반대로 높은 사양을 요구하지 않는다는 점이 좋았습니다.

**Q. 메타버스는 어떻게 활용하고 계세요? 메타버스로 기획해서 좋은 결과가 있었거나 의미 있었던 시도가 있다면 말씀해 주세요.**

A. 교육 사업을 하다 보니 가상 공간 구축, 공간 안에서의 교육 진행 및 프로그램 개발, 활용법 강의까지 전방위로 활용하고 있어요. 의미 있던 몇 가지 프로젝트를 말씀드리자면, 첫 번째는 '가상 연수원 대관 서비스'입니다. 국내 최초가 아닐까 싶은데요. 2020년 7월부터 게더타운 맵 제작 의뢰가 많았습니다. 의뢰하는 분 중에는 '단순하게 맵 디자인만 해서 주면 되지 않나?' 싶은 분도 계시겠지만, 사실 맵 제작에는 디자인뿐 아니라 기획과 맵 세팅과 수정 보완이 계속 이루어져야 하고 유지·보수 및 활용을 위

한 담당자 교육까지 포함되어 있어요. 그래서 비용이 발생하고요. 맵 제작 기간과 견적을 보시고 아쉬워하는 분들이 많으셨어요. 그래서 이러한 고객들의 고민을 바탕으로 표준화한 맵을 개발해 가상 연수원 대관 서비스를 제공하면 어떨까 싶었죠. 저희가 표준화한 가상 연수원은 '연수원의 전경이 보이는 월드 맵, 건물 내 라운지, 강의장, 대강당, 스타디움, 이벤트 맵'이 하나의 세트로 구성되어 있습니다. 특정 공간에 기업의 로고, 현수막, 배너를 적용해 우리만의 공간으로 느껴지게 하기도 하고요. 앞으로 다양한 테마의 공간을 계속 선보일 예정입니다. 참고로 연수원 전경 맵은 시간의 개념까지 적용해 사계절을 느끼실 수 있도록 업데이트하고 있습니다.

레퍼런스 HRD 가상 연수원 맵 세트

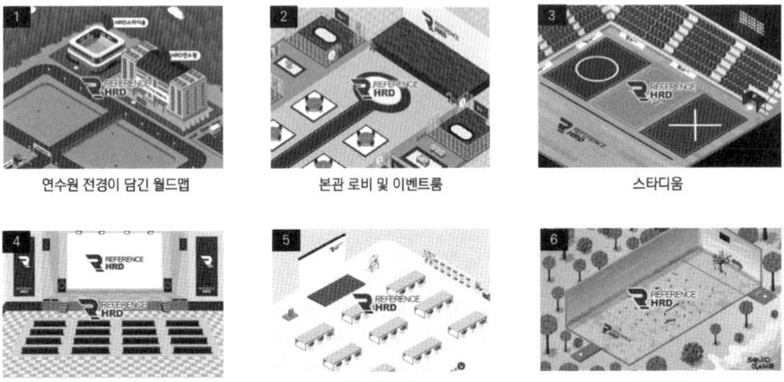

연수원 전경이 담긴 월드맵 / 본관 로비 및 이벤트룸 / 스타디움 / 강당 / 일반 강의실 / 이벤트 맵

두 번째는 메타버스 내 문화·예술 박람회 프로젝트입니다. 문

화예술인들이 메타버스 안에서 작품과 홍보물을 전시할 수 있도록 부스를 제공하는 형태로 박람회 참여를 원하는 분들께 직접 부스를 꾸미고 오브젝트를 연결할 수 있게 교육까지 진행했지요. 주최 측에서 제공하는 일관된 디자인의 부스가 아닌 참가자의 개성이 드러나는 전시 공간을 꾸밀 수 있게 한다는 점에서 의미가 있었습니다. 앞으로도 부스 외에 메인 광장에는 축제 분위기를 낼 수 있는 다양한 이벤트와 프로그램을 준비하여 방문객에게 새로운 경험을 제공하고자 합니다.

**Q. 메타버스를 활용할 때, 학습자 경험이라는 관점에서 기존의 과정과는 어떤 점에서 차이가 있을까요?**

A. 기존의 비대면 교육은 공간의 개념이 빠진 시각과 청각에만 의존하는 형식이었습니다. 그러다 보니 인지부조화로 인해 줌 피로증이라는 것이 이슈가 되었죠. 화상 회의 기반의 교육 후에 남는 아쉬움이 이런 부분 때문일 거예요. 반면, 메타버스에서 진행하는 교육은 오프라인에서의 경험을 최대한 제공할 수 있습니다. 예를 들어 동료들과 교육장으로 이동하는 과정, 곳곳에 환영의 글귀가 써 있는 현수막과 안내 표지판, 즐길거리와 이벤트, 휴식 공간에서의 담소 모두 과거에 우리가 오프라인 연수원에서 느낄 수 있는 것들을 메타버스 공간에서도 느낄 수 있는 거죠. 실제 교

육에 들어가서도 마찬가지입니다. 조별 토론 후 조별로 아바타를 이동시키면서 다른 조의 결과물들을 보며 갤러리 워크를 한다거나, 다른 조의 아바타가 방문하면 일어서서 브리핑을 할 수도 있어요. 궁합이 좋은 온라인 라이브 협업 도구를 활용하면 이러한 교육 설계는 더욱 강력해집니다.

**Q. 성공적인 메타버스 활용 및 기획을 위해 가장 중요한 점은 무엇일까요?**

A. 메타버스 공간 구축 시 활용 목적이 명확했으면 좋겠어요. 단순히 "우리만의 공간을 멋지게 만들고 싶어요.", "일단 만들어 놓으면 어떻게든 쓰게 되겠죠."가 아니라 여기에서 무엇을 할 건지, 여기에 들어온 이용자들에게 어떤 경험을 제공할 것인지, 어떤 세계관으로 접근할 것인지를 고민해야 좋은 공간이 나올 수 있는 것 같아요. 그리고 공간을 만들기 전에 꼭 스케치 작업을 추천드립니다. 일단 맵 메이커부터 띄워 놓고 시작하는 분들이 계신데 이렇게 하면 나중에 다 뜯어고치는 대공사를 해야 할 수 있어요. 게더타운은 스페이스 안에 각각의 룸이 조합되는 형태로 공간이 구성되므로 전체의 세계관을 바탕으로 그 안에 들어갈 룸과 룸별 콘셉트를 정하고 연결시키는 도식화 작업이 반드시 필요합니다. 이러한 점을 생각해서 기획하시면 좋겠습니다.

맵 연계도 구성 사례

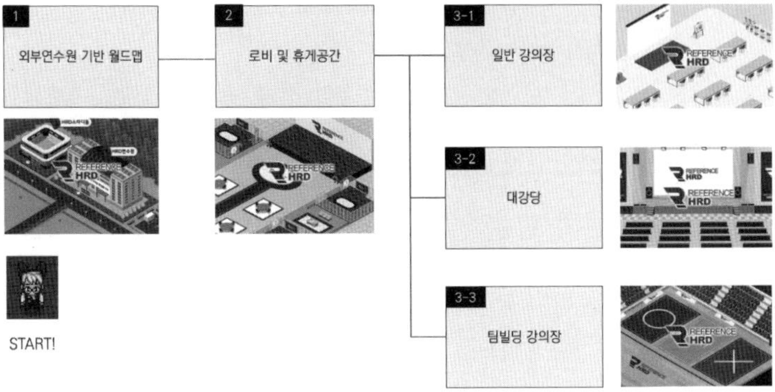


## Q. 독자 분들께 추가로 전하고 싶은 말씀이 있으실까요?

A. 많은 고객이 이제 비대면 교육에 조금 익숙해질까 했는데 제페토다, 게더타운이다 하면서 변화의 속도를 따라가는 게 버겁다고 하십니다. 그렇다고 손놓고 있을 수만도 없는 게 현실인 것 같아요. IT와 친하지 않은 분들은 아마 하나의 큰 숙제를 안고 가는 느낌이실 거예요. 하지만 생각보다 어렵지 않습니다. 유튜브만 검색해도 게더타운 맵 제작과 관련한 수많은 영상이 나오고 초보자들도 이해할 수 있게끔 알려주는 교육 과정들도 많아졌으니까요. 저희 레퍼런스HRD 공개 과정처럼 말이죠.

메타버스를 플랫폼에 탑승하여 아주 작은 거라도 만들어 보시길 바랍니다. 작은 성공 경험이 쌓이면 큰 성공도 경험할 수 있다고 하잖아요? 원대한 꿈을 품고 처음부터 큰 그림 그리며 달려들었다가 중도에 포기하시는 경우를 많이 봤어요. 그보다 한두 시간 투자해서 우리 팀 사무실과 회의실 정도를 만들어 보세요. 그렇게 만든 공간에 팀원들이나 친구를 초대해서 반응도 살펴보시고, 피드백도 받아 보완하시다 보면 완성도를 높일 수 있으실 거예요. 자신감이 생기면 조금씩 공간을 넓혀 가시길 추천드립니다. 메타버스는 메가트렌드입니다. 그 흐름에 저항하지 말고 올라타세요. 그리고 즐기다 보면 또 다른 길들이 보일 것입니다.

## 마치는 글

21세기에 필요한 유일한 기술은 새로운 기술을 배우는 기술일 뿐이다.
그 외의 모든 것은 시간이 지나면 쓸모없어질 것이다.
— 피터 드러커

하버드 AMP 최고경영자 과정에 활용되는 도구로 DVP(Desperation-Vision-Plan) 진단이 있다. 이는 보스턴 경영대학원 리처드 베카드와 루벤 해리스의 변화 방정식에서 출발한 것으로 현재의 모습에서의 변화 가능성을 지표화한 도구다.

구성 요소는 세 가지인데, 첫 번째는 데스퍼레이션(Desperation), 현재 나의 상태에 대한 위기의식과 변화에 대해 필요성을 느끼고 있는 정도를 의미한다. 두 번째는 비전(Vision)이다. 1년 뒤 혹은 3년 뒤 나의 변화한 모습에 대한 명료성과 그렇게 될 수 있을 거라는 확신 정도를 말한다. 마지막은 플랜(Plan)이다. 그렇게 되기 위한 구체적인 실행 방법과 계획을 말한다. 점수 산정은 어렵지 않다. D, V, P 각 영역의 질문에 대해 10점 만점으로 산정해서

나온 영역별 평균 점수를 곱한 뒤, 10으로 나누면 된다(D × V × P)/10). 이렇게 나온 점수가 60점 이상이어야 변화가 가능하다고 판단한다. 물론, DVP가 60점 이상이 되기는 상당히 어렵다.

흥미로운 점은 여기에 데스퍼레이션, 현재 상황의 불만족 지수가 포함되어 있다는 점이다. 본인이 변화하고 싶은 구체적인 모습과 실천 계획이 있더라도 현재 상황에 만족하는 편이라면 변화가 어렵다는 의미다.

우리는 예상치 못한 코로나19라는 바이러스 확산으로 기존과는 완전히 다른 질서, 뉴노멀의 시대를 맞이했다. 코로나 이후 세상은 어떤 모습일지, 어떻게 변화해야 할지 구체적인 그림을 가진 사람은 얼마 없다. 하지만 현재 상황에 대한 어려움과 그로 인한 변화 필요성은 어느 때보다 높다. 이는 세상과 환경의 변화에 따라 나 자신의 변화에 대한 가능성도 커졌다는 것을 의미한다. 균열은 사회가 급격히 변화할 때 생긴다. 기존의 행동 양식이 더는 작동하지 않고, 새로운 규범이 필요해진다. 이때 형성되는 새로운 질서가 뉴노멀이다. 사회 변화가 급격할수록 균열은 크고 변화에 따른 기회는 많은 법이다. 위기의 시대에 추락하는 조직과 개인이 생기는 만큼 도약할 공간도 열리는 것이 냉정한 현실이다.

Change와 Chance는 한 글자 차이다. 위기로 인해 원하지 않는 변화를 맞이해야 하지만, 그것이 변화의 기회가 되는 경우는 많다. 위기의 순간, 누군가에게는 위협으로 느껴지겠지만, 누군가에게는 기회다. 언택트와 가상세계 메타버스가 열린 지금 독보적인 권위자는 없다. 먼저 변화를 준비하고 적극적으로 개척하는 사람에게 기회가 열려 있을 뿐이다.

책을 쓰고 있는 내가 산증인이다. 나이도, 경륜도 많지 않은 30대 중후반의 청년이 책을 쓰고 강의와 인터뷰를 하는 기회를 얻지 않았던가. 위기의 시대에 생긴 균열이 새로운 기회 공간을 열어준 덕분이다.

변화는 어렵다. 하지만 변화가 기회를 만든다. 이 책이 최근 급격한 변화로 혼란스러움을 느낀 분들께 인사이트를 제공하고, 변화의 계기를 제공할 마중물이 된다면 더 바랄 것이 없겠다.

## 참고 문헌

### Part 1~2


- 《어디서든 리드하라》 시크릿하우스, 데이비드 버커스 저, 2021
- 《인디언의 말타기》 21세기북스, 박희준 저, 2015
- 《이제 개인의 시대다》 피톤치드, 은서기 저, 2020
- 《DRIVE 드라이브》 청림출판, 다이엘 핑크 저, 2011
- 〈코로나19 시대를 읽는 10가지 키워드〉 선교와 신학, 오동섭, 2021
- 〈디지털 트랜스포메이션〉 김종식·박민재·양경란, 2020
- 〈전면적 원격수업 상황에서 대학생의 학습 몰입에 영향을 미치는 요인 연구: 코로나 불안의 조절 효과〉 교육정보미디어 연구, 조수선·주라헬, 2020
- 〈COVID-19 상황에서 이전 온라인 학습 경험 여부에 따른 대학생의 학습 동기 차이 분석〉학습자중심교과교육연구, 박상훈·한송이, 2020
- 〈사이버대학생의 학습실재감, 학습몰입 및 학업성취도 간의 관계〉 아시아교육연구, 김유진·박주호, 2021
- 〈온라인 라이브 클래스〉 리얼러닝, 정강욱·이연임, 2020
- 〈대학생의 온라인 수업 경험에 대한 어려움과 지원 요구 사항〉 인문사회, 정영미, 2020
- 〈Malcolm S. Knowles,Edwood F. Holton III,Richard A. Swanson〉 성인학습자, 아카데미프레스, 2016
- 〈Cybergogy for engaged Learning: A Framework for creating Learner〉 Wang, M. J., & Kang, M, 2006
- 〈Learning with Emerging Technologie〉 New York: Springer Publishing
- 〈The hidden dimension〉 Garden City, NY: Doubleday, Hall, E. T, 1966
- 학습자 중심 K-MOOC 2.0(https://www.moe.go.kr)
- KIRD 비대면 온라인 강의 실무 가이드, 2020(https://www.kird.re.kr)


### Part 3~5


- 《가르치지 말고 경험하게 하라》 플랜비디자인, 김지영 저, 2019

- 《순간의 힘》 웅진지식하우스, 칩 히스·댄 히스 저, 2018
- 〈스마트 기기를 활용한 온라인 토론학습에서 모달리티가 학습자의 상호 작용경험에 미치는 영향〉 한국콘텐츠학회논문지, 박세영·신동희·김태양·신재은, 2015
- 〈페이스북, 효과적인 학습환경으로 어떻게 활용할 것인가?〉 교육정보미디어연구, 이병현, 2014
- 〈SNS 활용 대학수업에서 학습실재감과 학습몰입, 학습만족도가 학습지속의향에 미치는 영향에 대한 구조 관계 분석〉 교육정보미디어연구, 박혜진·유병민, 2014
- 〈spacing learning events over time: what the research says. work-learning research, inc〉 Adapted from Thalheimer, W, 2006
- time.com, You Now Have a Shorter Attention Span Than a Goldfish, https://time.com/3858309/attention-spans-goldfish/
- https://blog.naver.com/shockmagic, 흡연 예방 교육
- class.com, 효과적인 Zoom 활용 학습을 위한 도구 Class
- http://m.hrinsight.co.kr/view/view.asp?in_cate=113&bi_pidx=32422, 현대인재개발센터 언택트 러닝 사례
- https://lxd.org 학습 경험 디자인
- https://blog.naver.com/hehe26, 언택트 방 탈출 사례


## Part 6~7


- 《메타버스 비긴즈》 굿모닝미디어, 이승환, 2021
- 《에듀테크 For 메타버스》 다빈치books, 변문경·박찬·김병석·이정훈, 2021
- 〈비대면 시대의 게임 체인저 XR〉 소프트웨어 정책연구소 이슈리포트, 2020